引用内容分析及其在科技评价中的应用

刘盛博　丁　堃　刘　畅　著

本书为国家自然科学基金“基于引用极性和评论挖掘的论文综合评价模型研究”（61772103）、国家自然科学基金“基于多源数据的高校声誉评价研究”（72074039）、教育部人文社会科学研究青年基金项目“基于多源数据的‘双一流’政策对高校的影响机制及影响效果评价研究”（20YJC880057）的研究成果

科学出版社

北　京

内 容 简 介

本书以引用内容分析的概念、范畴、原理和方法为逻辑起点，论述其与引文分析的一般关系，剖析其较传统引文著录分析的比较优势，在此基础上构建引用内容分析的理论研究框架，探析引用内容分析的不同应用情景。

本书结构分为两部分，第一部分为引用内容分析的基本理论，包括概念、内涵、原理、功能、范畴和步骤。第二部分为引用内容分析的应用，包括在研究前沿探索（共被引分析）中的应用、在科技文献信息检索中的应用、在科技论文评价中的应用。

本书适合科技管理、图书情报领域研究学者和高校教育管理相关人员参考阅读。

图书在版编目（CIP）数据

引用内容分析及其在科技评价中的应用/刘盛博，丁堃，刘畅著. —北京：科学出版社，2023.3

ISBN 978-7-03-074946-8

Ⅰ.①引… Ⅱ.①刘…②丁…③刘… Ⅲ. ①引文分析-研究 Ⅳ. ①G250.252

中国国家版本馆 CIP 数据核字（2023）第 034262 号

责任编辑：任锋娟 周春梅/责任校对：王万红

责任印制：吕春珉/封面设计：东方人华平面设计部

科学出版社出版

北京东黄城根北街 16 号

邮政编码：100717

http://www.sciencep.com

北京中科印刷有限公司印刷

科学出版社发行 各地新华书店经销

*

2023 年 3 月第 一 版 开本：B5（720×1000）

2023 年 9 月第二次印刷 印张：10 1/4

字数：206 000

定价：98.00 元

（如有印装质量问题，我社负责调换〈中科〉）

销售部电话 010-62136230 编辑部电话 010-62138978

前　言

“引用内容”一词源于英文词汇“citation context”，意为引用标签所在位置附近的文本内容，对其分析研究仍属引文分析范畴。传统引文分析研究中，学者们早期探讨的引用动机和引文分类问题均是对引用内容的分析，但受限于引用内容信息的可获取性，学者多从理论层面或小数据样本实验层面探究引用内容分析。随着电子资源数据库的完善和开放数据获取技术的发展，引用内容信息获取逐渐成为可能，围绕引用内容展开的研究也日趋丰富。

从引文分析发展历史来看，引用内容分析是引文分析发展的新阶段，无论是传统的引用频次分析、共被引分析等基本方法，还是引文分析在科研评价、人才评价中的应用，都将会在引用内容信息融入后产生范式变革。一篇文章被他人在文章中引用一次和引用多次其价值是否有差异？一篇文章被他人在文章中“引言”部分引用和“方法”部分引用其价值是否有差异？两篇文章同时被他人在文章的一句话中引用和分别在不同段落中引用其共被引关系强度是否相同？当一篇文章被他人引用时，引用内容存在较多批判或质疑类观点，其引用频次是否还可作为文章质量评价标准？这些问题都是引用内容信息可获取后，给传统引文分析带来的新挑战。

本书从理论和实践两个层面对引用内容分析及其应用进行系统性梳理。首先，基于内容分析理论，提出引用内容分析的概念和内涵，论述了其与引文分析的一般关系，剖析了其较传统引文著录分析的比较优势。其次，借助六何分析法，构建了引用内容分析的理论框架，提出了引用内容分析的研究范畴。再次，从引用内容分析的实践应用角度，探讨了其在科学研究前沿分析、科技文献检索和科技论文评价中的应用。最后，通过两个实践案例，进一步论证了引用内容分析的应用价值。

本书第1～6章由刘盛博和丁堃共同撰写，第7章由刘畅撰写。刘盛博主要负责书稿整体架构、技术和方法实现，丁堃负责理论模型建构，刘畅主要负责引用内容分析在教育评价中的应用。本书在撰写过程中得到大连理工大学科学学与科技管理研究所、高等教育研究院的支持，在此表示感谢。特别感谢刘则渊教授对本书理论架构的指导，感谢林原、杨亮、许侃、孙晓玲对本书提供的技术支持，感谢姜华、李枭鹰对本书出版提供参考建议。本书还参考了大量国内外学者的文献，感谢这些学者为本书提供重要的理论参考。

目　录

第1章 绪　论

自引文分析理论创生的50多年来，其研究主要围绕两方面来展开。一方面是以引文著录信息为分析载体的传统引文分析，另一方面则是深入施引文献正文内容，进而探查引用功能和引用动机的引用内容分析。与引文著录分析相比，引用内容分析研究明显较少，且多集中在施引文献的主题内容研究上，较少深入到文献全文内容层面。然而参考文献在文章中的引用内容能够为我们提供更多的引用相关信息，对了解参考文献对施引文献的作用和价值、挖掘论文作者引用该文献的意图与观点倾向性具有更直接的作用。

随着电子数据库建设的逐渐完善和信息处理技术的不断发展，更多可解析的全文数据库得到开发，如PubMed/BioMed Central、Citeseer和arXiv等数据库均提供可进行数据格式解析和文本内容挖掘的全文信息。这些可解析的全文数据库为深入论文内部、进行全文层面的引文分析研究提供了良好的数据基础。

全文信息中包含了论文著录无法提供的引用内容相关信息，如引文发生的位置、共被引发生的距离、共被引发生的位置、引文内容涉及的主题等，可以进一步开展引用动机、引用类型、引用功能和引用内容主题等方面的理论研究以及包括检索、评价和知识的演化、发现和预测在内的应用研究。可以说，基于施引文献全文的引用内容分析，既可以深入拓展引文分析理论创生时的一些基本理论命题，又可以开辟引文分析新的研究和应用域，是引文分析理论发展的新阶段。本章将从基本理论与研究方法角度，探讨引用内容分析与传统基于著录的引文分析的联系与区别，并深入揭示引用内容分析对引文著录分析的比较优势和补充作用。

1.1 引用内容概念

1.1.1 引用内容概念的提出和发展

引用内容概念是伴随着引文分析的产生而提出的。19世纪60—70年代，引文分析在“科学引文索引”数据库建立之后逐渐兴起，Chubin和Moitra[1]、Oppenheim和Renn[2]、Spiegel-Rösing[3]在做引文年份、引文类型、引文频次等分析的同时，也将引用内容作为分析对象。他们在对引用内容进行研究时，将其描述为“content of reference”或“content of citation”，但并没有明确界定引用内容的范围，在具体研究过程中主要采用主观判别的方式来获取引用内容。

关于引用内容最具影响力的定义是由 Small[4]在 1982 年提出的，他将引用内容表述为“citation context”，将其定义为“The text surrounding the references”，即参考文献及其标识周围的文本内容。例如，句子“This comparison is made using BLASTX [18]…”就可以视为参考文献[18]的“citation context”。O’Connor[5]、McCain 和 Turner[6]也使用了此定义，分别研究了引用内容在信息检索中的应用和引文分类中的作用。

随着全文数据库的发展，人们从不同角度研究引用内容时，基于 Small 的引用内容定义，进一步从语句的数量角度，限定了引用内容的文本范围，并给出定义。Nanba 和 Okumura[7-8]将引用内容定义为“reference areas”，指的是参考文献区域内，与引文相关的一个或多个句子。Mei 和 Zhai[9]在利用引用内容生成文本概要的研究中，将引用内容定义为引用标签周围的五句话，其中一句是包含引用标签的句子，另外四句分别是含有引用标签句子前面的两个句子和后面的两个句子。Teufel 等[10]将引用内容视为“text windows”，即通过设置“文本窗口”的大小，来控制引用内容所包含的句子数量，并从引用内容中抽取索引词来提高文献的检索效率。Nakov 等[11]在 2004 年提出“citance”的概念，指的是引用句子集合，用于表示引用内容。Kaplan 等[12]用“citation-site”或“c-site”来表示引用内容，每一个“citation-site”可以包括多个句子，而每个句子称为“c-site sentence”，同时他们采用“anchor”来表示引用标签，每一个包含引用标签的句子称为“anchor sentence”。

1.1.2 引用内容的内涵

综合前人学者定义，从突出施引文献和参考文献的内容关联角度出发，本书认为引用内容就是指能够表征施引文献引用参考文献的文本内容，这些内容通常用一个或几个句子来表达。一般情况下，文本内容既有量的信息，也有质的信息。量的信息包含引用的多与少，具体反映在文本中就是指引用内容中包含的句子数量、引用句子中主题词的多少以及参考文献在施引文献中被引用的次数。量的信息可以表征参考文献对施引文献的影响力。质的信息包括以下三类：一是引用内容发生的位置，引用发生在施引文献中的不同位置时，所体现的作用并不相同；二是引用动机，引用内容中的文本语义可以反映出施引作者在引用参考文献时的引用意图与倾向；三是引用主题，该主题揭示的是施引文献与参考文献的直接联系。

总体来说，一条引用内容应包含以下五个要素。

① 文本内容 T：表征施引文献引用某条参考文献时的上下文内容；

② 参考文献 R：引用内容所对应的参考文献，可以采用参考文献编号来识别；

③ 施引文献 D：此条引用内容所在的文档，可以采用文档编号来识别；

④ 引用句子编号 P：包含引用标签的句子在施引文献中的句子编号，用于表示引用内容所发生的位置；

⑤ 句子长度 L：引用内容包含的句子数量。

通过对这些要素本身以及要素间关联的分析，进而形成引用内容分析的基本研究内容。

1.2　引文分析与引用内容分析的一般关系

1.2.1　引文分析的概念与类型

1. 引文分析的概念

引文分析就是利用各种数学及统计学的方法和比较、归纳、抽象、概括等逻辑方法，对科技期刊、论文、著作等各种分析对象的引用或被引用现象进行分析研究，以便揭示其数量特征和内在规律，达到评价、预测科学发展趋势目的的研究方法[13]。随着科学引证行为的不断规范和“科学引文索引”工具的广泛使用，更多文献的获取、参考和引证已成为一种基本的科研现象，进而形成大规模科学引文网络。这种引证文化的形成和技术条件的便利性，也直接推动了引文分析理论的不断成熟，在一定意义上已成为现代科学计量学和文献计量学的研究根基[14]。

引文分析可以打破传统的学科分类界限，从多维角度来反映学科间的相互交叉、相互渗透关系，并借助引文关联和网络化的图谱形式，形象地描绘出科学发展过程中的学术流派、演进路径和热点前沿。此外，基于引文数据统计的科学管理和评价，也是引文分析重要的理论研究和实践应用领域。

2. 引文分析的类型

从引文分析的对象和内容来看，引文分析理论基本形成以下两种研究类型：

① 基于著录信息的引文分析。主要基于参考文献著录信息展开的研究，包括以引用频次为代表的引文描述性统计分析和引文网络分析，一方面应用在论文、期刊和研究主体的评价，另一方面也常用于研究文献情报的规律，揭示科学发展特征。

② 基于全文信息的引文分析。主要基于引用内容展开的研究，包括了引用视角下的引用频次分析、引用位置分析和引用内容文本分析[15]，同时借助传统引文分析等理论方法，深入揭示引用动机、引用功能和引用行为规律。

文献著录信息包括两方面：一是施引文献著录信息，二是参考文献著录信息。施引文献著录信息包括文献的作者、机构、标题、关键词、摘要、期刊、年份等信息；参考文献著录信息包括参考文献的作者、标题、期刊、文献发表年份、期、卷等信息。由于早期对施引文献全文的解析和引用内容的获取较为困难，即使有也均是对较小规模施引文献的人工研读和手动记录，因而人们对引文分析的研究多倾向于对参考文献中的著录信息进行分析。随着研究数据和信息处理技术等条件的成熟，引文分析理论和实践也进入引用内容分析研究的新阶段。

1.2.2 引用内容分析的含义

顾名思义，引用内容分析与传统引文分析相比，其核心的新发展是关注对内容的分析，具体来说是从施引文献的全文入手，聚焦引用的片段（即引用句及其附近的句子）。

内容分析法最早产生于新闻传播学领域。20 世纪初，有学者采用半定量的统计方法对文献的内容进行深入分析。其中，美国学者贝雷尔森（Bernard Berelson）在 20 世纪 50 年代发表的权威著作《内容分析：传播研究的一种工具》，确立了内容分析法在大众传播学中的地位。

近年来，随着计算机技术和网络技术的发展，内容分析法得到大幅度改进，并被应用于诸多领域的研究中，包括心理学、人类学、教育学、语言学、历史学、图书馆学和信息科学等学科。

传统的内容分析法把媒介上的文字、非量化且有交流价值的信息转化为定量数据，通过建立有意义的类目系统分解交流内容，并以此来分析信息的某些特征，测验文献中本质性的事实和趋势，揭示文献所含有的隐性情报内容，对事物发展做情报预测[16]。本书认为引用内容分析指的是对科学引证过程中，具有明确引用标识的知识传播内容（即引用内容）的位置分布和内容主题进行的客观、系统、定量的分析。

引用内容分析属于内容分析研究范畴，但其分析的文本内容是引用内容，既具有一般的文本属性，又具有引用行为及过程所生成的独特性质。因此，对引用内容进行分析时，需要在传统的内容分析法基础上，结合科学计量学研究方法，尤其是引文著录分析。

引用行为的发生和进行，事实上也伴随着知识的继承与传播，而引用片段的内容正是记录这一过程的文本载体。传统的文献计量分析，虽然可以从引用频次统计上推断引用行为特点，但无法深入引用内容层面，从内容角度揭示知识传播的特点。内容分析法是一种以研究传播内容为主的定量与定性相结合的分析方法，可以用于研究任何文献或信息记录的交流传播事件，因而内容分析法对引用内容分析具有一定的适用性。

值得注意的是，引用内容分析不仅聚焦于引用片段内容主题的挖掘和分析，也着眼于施引文献全文视角下的观察和研究。例如，在分析某一篇参考文献在施引文献中的被引情况时，不仅需要统计这篇参考文献在施引文献中被引用的次数，还需要分析这篇参考文献在施引文献中的哪个位置被引用（具体位置如引言、方法、结论等）。

图 1-1 展示了某论文基于全文本内容引用内容分析的示例。由于篇幅的关系，没有全面展示论文间的前向引用，即文献耦合关系。施引文献题录和参考文献题录间的直接关系，以及各参考文献题录间的直接关系，共同构成了基于题录信息的传统引文分析。引用内容分析则深入施引文献正文层面，努力揭开文献间引用及其衍生出的文献间共被引与耦合的“黑箱”。因而引用内容分析是引文著录分析的精致化，是引文分析理论发展的新阶段。

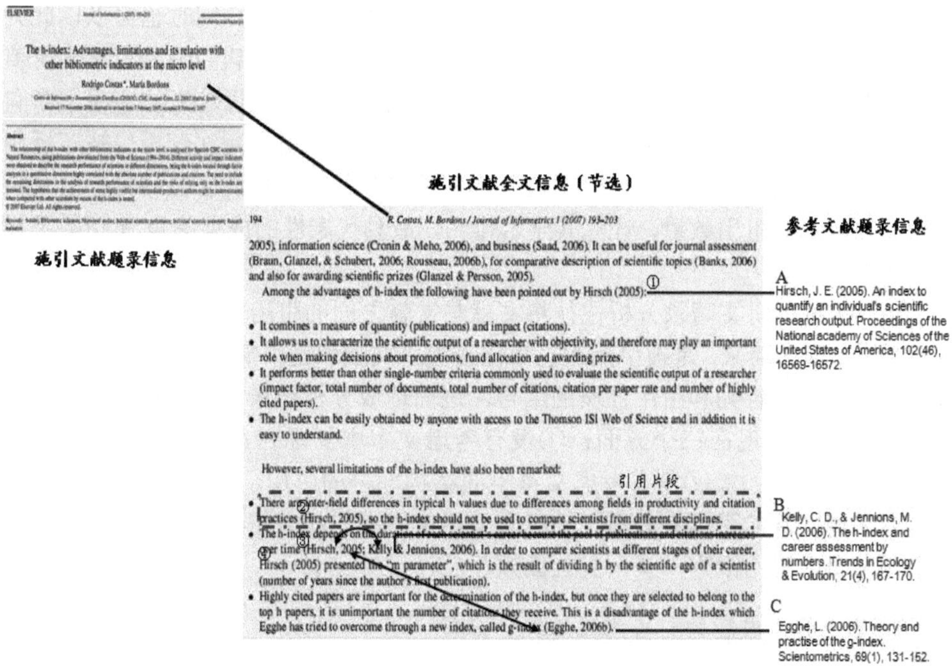

图 1-1　引用内容分析示例

1.3　引用内容分析对引文著录分析的比较优势

1.3.1　引文描述性统计分析视角

引文描述性统计分析所要研究的内容，是文献引文的信息要素的数量特征及规律性。具体来说，就是对大量的引文数据进行统计分析并总结规律。

1. 基于引文著录的引文描述性统计分析

引文描述性统计分析是相对简单的引文分析研究，也是开展更深层次引文分析的基础。具体的统计内容，包括引文年代分布、引文数量分布、引文类型分布、引文语种分布、引文国别分布等。一般来说，随着时间的由远及近，引文量呈增长趋势，即时间越近，被引用的文献越多。通过引文年代分析，不仅可以了解被引文献的出版、传播和利用情况，还可以研究科学发展的进程和规律。特别是在文献老化和科技史的研究中，引文年代分析是一种广泛应用的有效方法。

论文的被引频次是引文描述性统计分析中涉及最多的研究内容，它所反映的是该论文在其领域内的影响力，可以直接用于评价论文质量。同时也可以以此为基础，对期刊和学者进行评价。被引用次数最多的论文，被认为是具有学术价值及地位的论文，而后被引用的概率也就随之增加。此种论文评价方法应用于学科领域的核心期刊遴选，最为典型的成果就是影响因子。引文频次分析也被广泛用于评估科研人员的学术水平，除了最基本的被引和他引分析，也会结合科研人员的论文数量及被引用数量，计算其学术排名，最具代表性的成果就是 H 指数及类 H 指数。

然而传统的引文著录分析往往将文献与文献之间的引用关系简化为平等的线性关系[17]，随之而来，是被引频次也简化为被引文献和施引文献的一对一的计数，缺乏与实际引用行为和引用性质的结合，进而造成分析结果的不准确。这种缺失和不准确主要表现在三个方面：①没有考虑文本中实际存在的引文记录和引用位置的多对多关系；②没有考虑文章不同结构部分的引用，重要性有较大不同；③没有考虑实际的引用有着引用动机和引用情感上的显著差别，将正面引用、中性引用和负面引用混为一谈，失之偏颇。

2. 基于引用内容的引文描述性统计分析

在对引用内容的描述统计分析研究中，研究对象主要来源于全文信息，并不仅是参考文献的著录信息，分析的主要内容包括引用强度（参考文献在施引文献中的实际被引频次）、引用内容发生的位置、引用性质（引用态度的倾向）等。

引用强度的统计可以识别出一篇引文在不同文献中所体现出的不同作用。传统的基于著录信息的引文统计分析将所有引文对施引文献的作用视为等同，而实际情况却多是不同被引文献在同一施引文献中被引频次并不相同，如图 1-1 文中对 Jorge Hirsch 在 2005 年提出 H 指数一文的引用）。一篇引文在一篇施引文献中出现的次数越多，说明它对这篇施引文献的作用越大。因而，在对引文进行评价时，引用强度要比传统被引频次更精确可信。例如，陈晓丽[18]提出从引文力度和引文深度角度对引文进行评价，其中的引用深度指标就是指一篇引文在同一文献中被反复引用的次数；胡志刚等[19]比较了引用个数与引文篇数的相关性和区别，并基于引用个数预测和挖掘新的高被引论文；Hou 等[20]也通过引文在文献中具体被引次数（即引用强度），改进了传统影响因子的计算方法，并取得较好效果。

对引用内容发生位置的统计分析，可以揭示出施引者的引用行为规律，同时对不同位置上的引用内容进行分析，可以揭示出引文在文献不同位置出现时所体现出的地位与作用。Voos 和 Dagaev[21]早在 1976 年就对引用内容的位置分布进行了研究，他们发现引用内容分布在施引文献的不同位置时，引文的价值并不相同。何荣丽和魏洪善[22]对理论型论文、实验型论文、综述型论文中引用内容的位置分布差别进行了统计分析，结果发现，在不同类型的论文中，引用内容在论文的引言、本论、结论中分布的数量并不相同。Sombatsompop 等[23]采用引用内容分析的方式，判断引用内容发生在文章不同章节中的重要性，其在研究中将引用位置划分为四类，分别是引言、实验、结果讨论、结论，并进一步提出引用位置影响因子指标，即引文在施引文献中不同位置上出现的次数与施引文献总数的比值，将这一指标应用于对论文的质量评价。Ding 等[24]将引用位置划分为摘要、引言、文献综述、方法、结果、结论六类，分别讨论了高被引文献在不同引用位置中的分布情况。

引用行为不仅是对相关工作的认可，事实上也受很多非科学因素的影响，呈现出高度复杂的特征[25]。由于施引者的引用动机不同，每次引用的态度倾向也不尽相同。有些引用对论文内容是进行褒奖和继承，而有些引用则是指出论文研究的不足。因而对论文进行频次统计尤其是评价时，不能一概而论，应区别对待。引用内容分析可以借助以自然语言处理为基本处理手段的文本倾向性分析，使人们更准确地判断被引文献是“好评如潮”，还是“千夫所指”。图 1-2 是本书基于 Pubmed 数据库所开发的引用内容检索和评价平台，对“Thomson J A, 1998, Science, V282,P1145”一文的被引评价结果。

图 1-2 引用内容性质评价分析示例[26]

1.3.2 引文网络分析视角

引文网络分析中，常用的三种引文网络类型分别是直接引用网络、文献耦合网络和文献共被引网络，如图 1-3 所示[27]。

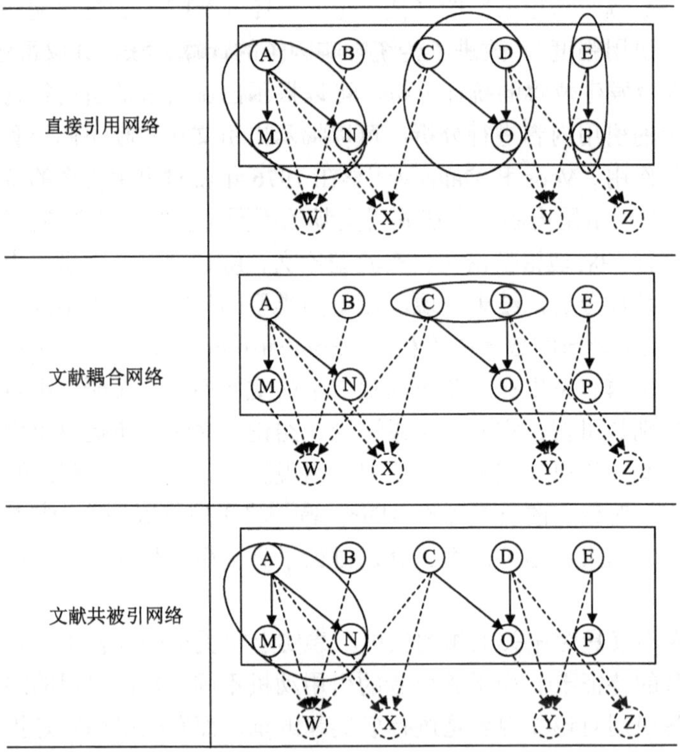

图 1-3　三种引文网络类型

1. 引用内容分析与传统引文网络分析

直接引用网络是对科学文献间有向的引用关系进行的研究，可以揭示学科领域发展脉络、预测学科发展热点，揭示科学发展过程。文献耦合是指如果两篇文献具有一篇相同的参考文献，它们的耦合强度为 1，若两篇文献有 n 篇相同参考文献，那么它们的耦合强度为 n，耦合强度越高，两篇文献在学科内容与专业性质上越接近，文献间的联系越紧密。文献共被引，就是如果两篇（或 n 篇）文献同时被后来的一篇或 m 篇文献所引证，则这两篇（或 n 篇）被引证论文存在共被引关系。两篇（或 n 篇）文献共被引次数越多，它们之间的关系越强。文献耦合和文献共被引分别以知识的扩散和汇聚的路径为起点，来研究知识的关联性，进而扩展为学科知识单元的聚类强度和网络结构。

然而如前所述，传统的引文网络分析是将每篇文献看作一个节点（图 1-3），最后只能形成和研究节点与节点之间的关系，既没有考虑节点本身的属性，节点间的关系又被均等化了。引用内容分析则可以深入文献内容的主题和结构层面，赋予节点属性和节点间新的理解，进而改造传统引文网络分析理论。

在直接引用网络中，文献与文献间的引用关系所揭示的是文献间的继承关系，而在具体引用过程中，施引文献只是继承了参考文献中的某个知识点，并不是继承所有的知识点。引用内容分析可以直接揭示出引用过程中参考文献的哪些知识点被施引文献所引用。因此，在直接引用网络中研究引用内容，可以更深入、具体地揭示引用过程中知识的继承与演化。

在文献共被引网络中，共被引关系所表示的是共被引文献之间的关联性，通过分析网络的结构特征，揭示学科发展特征。计算共被引关系时，是对参考文献的著录信息进行统计。只要两篇文献同时出现在另一篇文献的参考文献著录信息中，这两篇文献间就有一次共被引关系，并未考虑这两篇文献在施引文献中的位置及它们的引用内容相关性。引用内容分析则从全文结构入手，分析施引文献间的位置和距离（如图 1-3 中显示的两对共被引关系间的对比），着眼于引用片段并运用文本挖掘和自然语言处理技术分析其主题的相似性。

在文献耦合研究中，文献耦合关系表示的是施引文献间的关联性，通过对耦合网络的结构特征的研究，揭示学科结构特征。具有耦合关系的两篇文献间的耦合强度是通过它们共同引用的参考文献数量来计算的，而并未考虑它们共同引用的参考文献在施引文献中的位置及引用内容的相似性。如果一篇参考文献在两篇施引文献中的引用位置和内容都相似，那么这两篇施引文献间的关系可能更紧密。

在引用内容分析框架下，直接引用网络主要涉及引用片段内容的主题挖掘、识别和比较，将在后文的引用文本内容主题分析来阐述。对于文献耦合方面，目前尚未查阅到相关研究，有待进一步实验证明，本书着重叙述引用内容分析在共被引关系研究上的发展。

2. 引用内容分析框架下的文献共被引网络研究

基于引用内容的共被引关系分析，同样有两个相辅相成的研究路径，分别是共被引片段内容主题的相关性和共被引文献的位置层次。前者同样是内容主题分析层面，暂不赘言；后者是本部分的叙述内容。

不同位置层次的共被引，共同被引用的文献间的关系程度是不同的。考虑共被引发生的位置层次及距离，可以更精确地揭示共被引关系，进而优化共被引网络聚类。Elkiss 等[28]研究发现，共被引距离越近的两篇共被引文章，主题越相似。句子层次上的共被引关系要比章节层次上的共被引关系更紧密。

基于共被引位置的层次距离和共被引强度间正相关的思想，学者们也通过赋值，进一步量化共被引关系，深化了共被引理论，并将其用于提高文献检索效率的研究。Gipp 和 Beel[29]根据共被引发生的位置，将共被引关系划分为相同句子层次共被引、相同段落层次共被引、相同章节层次共被引、相同期刊层次共被引和相同期刊不同版本层次共被引五个层次。他们对发生在这五个层次上的共被引关系进行赋值，并采用相关文献检索的方法来验证位置层次赋值对共被引分析的有效性。结果发现，加入共被引权重后的检索效率要比传统未加入权重的检索效率提高两倍。Eto[30]将共被引文章划分为四类，分别是同引用标签共被引、同句子共被引、同段落共被引和不同段落共被引。当共被引发生在不同位置时，给予不同的相似性权重，而加入共被引权重后，信息检索效果有明显提高。Boyack 等[31]在对共被引位置进行权重赋值时，通过计算共被引文献位置间的字符数来对它们的共被引关系进行赋值，字符数越少，它们的共被引关系权重越大。实验结果发现，加入共被引位置后的共被引聚类效果比传统共被引聚类效果提高 30%。

鉴于相关研究均是通过主观判断对共被引权重进行赋值，缺少合理依据、方法不够准确。本书提出了一种基于引用内容相似度的共被引权重赋值方法，这样既能将引用内容和引用位置结合起来，又能提高检索效率[32]。

1.3.3 引用内容文本分析

如果说引用频次分析和引用位置分析是传统引文分析理论在描述性统计分析和引用网络分析的延伸，引用内容的文本主题挖掘和分析则是引用内容分析所独有的研究内容，也是其内容分析导向的集中体现。当然，在很多实际研究中，引用内容的文本主题分析也常与前述的其他引用内容分析方法相结合。

引用内容的文本主题挖掘就是利用文本挖掘和自然语言处理技术，对施引文献的引用片段进行数据格式解析、主题及特征词抽取、索引链接建立以及语义分析和科学计量分析。引用内容的文本分析主要通过主题词和特征词的抽取和语义分析，来对参考文献对施引文献的引用功能和引用对象类型、施引文献对参考文献的引用情感倾向和引用的主题知识进行探索、识别和归类，并在学术评价、信息检索和科学知识演化及发现等领域得到应用。

前文已述，通过对引用内容的知识主题、对象类型及情感倾向的挖掘分析，更能真实全面地审视受评对象的学术影响力。Anderson 和 Sun[33]利用引用内容，分析了组织学习领域中 Walsh 和 Ungson 发表的一篇经典文章，分析结果包括这篇文章具体的哪些知识被人们所引用、哪些知识对以后研究具有重大影响以及哪些知识被人们所批判，这些分析结果都是对这篇经典文献的综合评价，而这些评价结果是无法单纯通过引用频次来揭示的。Chang[34]也采用类似的方法分析了 Taylor 在 1968 年发表的一篇论文“Question-Negotiation and Information-Seeking in Libraries”的学术影响，包括这篇论文的哪些概念影响力最大、影响的主题包括哪些以及这篇文章在被引文献中的作用。

文本内容的相似性，可以提高论文检索的精度和效率，主要研究手段就是将引用内容中的索引词抽取出来，与引文本身的索引词相结合，进而提高引文的检索效率。O'Connor[35]假设引用内容可以提供一些关于被引文献的信息，并基于仿真实验研究了引用内容中的词在信息检索中的应用。他将引用内容中的词作为被引文献的索引词，结果显示这种方法可以提高检索效率。Bradshaw[36]利用引用内容信息改进搜索引擎效果，提出了一种参考文献直接索引（reference directed indexing）方法，将引用内容中的检索词与引文的被引频次相结合，以提高引文的检索效率。Mercer 和 Marco[37]也利用引用内容中的线索词对生物医学文献进行分类，然后将这些分类信息加入检索索引中，以提高检索效率。

引用内容是施引文献与被引文献的直接关联信息，一方面可以揭示被引文献的哪些知识被他人利用，另一方面可以揭示施引文献的研究基础。在具体的应用研究中，可以通过“参考文献—引用片段内容—施引文献—引用片段内容—参考文献”来揭示直接引用和共被引等关系结构中所蕴含的科学技术的知识演化和发现。Small[38]早在 1986 年就利用引用内容中的主题词来揭示共被引网络的聚类主题：首先，提取高被引文献的所有引用内容；其次，抽取出引用内容中的重要主题词；最后，在共被引网络可视化时，采用引用内容主题词来代替被引文献节点，进而实现采用引用内容主题词来揭示共被引聚类主题的研究。Nanba 和 Okumura[7-8]将一篇引文的所有引用内容信息收集起来，通过分析引用内容中的主题词，总结出这些引用内容的概要，用这些概要信息来描述这篇引文的主要研究内容。Mei 和 Zhai[9]、Mohammad 等[39]发现，通过引用内容总结出来的概要信息与引文本身的摘要信息不同，说明引文在被继承过程中，可以体现出原文中未被重点指出的重要价值。Elkiss 等[28]研究了引用文摘的生成，利用一篇文献的引用句子集合生成引用文摘，用于描述被引文献主题。Chang[40]比较了 *Little Science, Big Science* 一文在自然科学学科中和人文社会科学学科中被引用时的引用主题差异，研究结果发现，此文在自然科学学科中和人文科学学科中的引用主题基本相同，但引用动机存在一定差异。

1.4 引用内容分析的展望

从引用内容的概念出发，将引用内容定义为能够表征施引文献引用参考文献的文本语句及其内容主题，并从质量和数量两个角度深入解读了引用内容的含义。引用内容分析就是从施引文献的全文入手，聚焦于引用的片段，对引用频次、引用位置和引用文本的内容主题进行的挖掘和研究。作为下一代的引文分析理论[41]，引用内容分析对传统的基于引文题录的信息分析，具有功能价值上的拓展和突破性的创新。

引用内容分析是在引文分析基础理论的指导下，深入施引文献的全文及文本内容层面，挖掘文献间的关系，进而所做的相关研究，因而引用内容事实上形成了两个分析起点：一方面从施引文献的全文层面入手，分析参考文献的实际被引用频次，挖掘单篇参考文献的位置分布以及多篇参考文献间的相对位置、层次和距离；另一方面聚焦于引用片段，运用文本挖掘和语句处理技术，进行引用内容主题、动机和分类层面的研究。总体而言，前者是对传统引文分析理论的研究深化和功能拓展；后者正是因其内容分析的技术和特征，具备了引文著录分析所没有的揭开论文引用“黑箱”的优势。

引用内容分析主要应用在学术评价、信息检索以及科学知识演化和前沿分析领域。学术评价和信息检索共同形成了学术推荐上的应用；科学知识演化和前沿分析可以应用于文献摘要总结、科学知识的梳理及可视化、学科发展规划等方面的研究。当然，这些应用研究并非只是在一类理论研究下实现和深化的，而是综合研究的成果。完善的学术评价既要分析其实际的被引用频次，又要通过其引用位置分布，分析其起到的引用功能，同时还要结合内容倾向分析等，更全面地看待其被引频次，本书后面章节中将详细讨论引用内容分析的具体应用。

就引用内容分析的理论发展，本书认为接下来可以有四个层面的研究取向。第一，传统引文分析理论对引用内容分析的指导和渗透。引用内容分析是引文分析理论的新发展，必然具有内容相通性，可以迁移过来去耕耘这片新开辟的研究域。第二，各内容模块受各自研究方法和技术发展的影响，研究会不断深化和精致化。例如，当前基于引用位置（层次和距离）的共被引分析存在赋值主观的问题，如何更客观地基于文本本身的赋值值得关注。文本挖掘技术尤其是主题模型的不断更新，也提高了内容抽取的准确性。第三，各内容模块间的交叉综合是未来引用内容分析的趋势。一个实际研究问题本身由多个要素组成，只有多维度研究，才能更深刻地认识和解决研究问题。如前述的学术评价研究问题。第四，其他学科尤其是社会科学的研究思想和方法的吸收和运用，将会深化学术和实践问题，甚至开辟新的研究路径。例如，在引用动机分析上，将基于引用内容分析的客观结果统计与以问卷调查为代表的主观心理统计结合起来，会更系统化地揭示论文的引证行为。

参 考 文 献

[1] CHUBIN D E, MOITRA S D. Content analysis of references: Adjunct or alternative to citation counting?[J]. Social Studies of Science, 1975,5(4): 423-441.

[2] OPPENHEIM C, RENN S P. Highly cited old papers and the reasons why they continue to be cited[J]. Journal of the American Society for Information Science, 1978,29(5): 225-231.

[3] SPIEGEL-RÖSING I. Science studies: Bibliometric and content analysis[J]. Social Studies of Science, 1977,7(1): 97-113.

[4] SMALL H. Citation context analysis[J]. Progress in Communication Sciences, 1982,3: 287-310.

[5] O'CONNOR J. Biomedical citing statements: Computer recognition and use to aid full-text retrieval[J]. Information

Processing & Management, 1983,19(6): 361-368.

[6] MCCAIN K W, TURNER K. Citation context analysis and aging patterns of journal articles in molecular genetics[J]. Scientometrics, 1989,17(1): 127-163.

[7] NANBA H, OKUMURA M. Towards multi-paper summarization using reference information[C]. International Joint Conference on Artificial Intelligence. Stockholm: Lawrence Erlbaum Associates Ltd, 1999:926-931.

[8] NANBA H, OKUMURA M. Automatic detection of survey articles[M]//RAUBER A, CHRISTODOULAKIS S, TJOA A M. Research and Advanced Technology for Digital Libraries. Vienna: Springer, 2005:391-401.

[9] MEI Q, ZHAI C. Generating impact-based summaries for scientific literature[C]//Proceedings of ACL-08. Columbus: HLT, 2008: 816-824.

[10] TEUFEL S, SIDDHARTHAN A, TIDHAR D. Automatic classification of citation function[C]//Proceedings of the 2006 Conference on Empirical Methods in Natural Language Processing. Sydney: Association for Computational Linguistics, 2006:103-110.

[11] NAKOV P I, SCHWARTZ A S, HEARST M. Citances: Citation sentences for semantic analysis of bioscience text[C]//Proceedings of the SIGIR'04 Workshop on Search and Discovery in Bioinformatics. Sheffield: ACM, 2004:81-88.

[12] KAPLAN D, IIDA R, TOKUNAGA T. Automatic extraction of citation contexts for research paper summarization: A coreference-chain based approach[C]//Proceedings of the 2009 Workshop on Text and Citation Analysis for Scholarly Digital Libraries. Singapore: Association for Computational Linguistics, 2009:88-95.

[13] 庞景安. 科学计量研究方法论[M]. 北京：科学技术文献出版社, 2002.

[14] 刘则渊，陈悦，侯海燕，等. 科学知识图谱：方法与应用[M]. 北京：人民出版社, 2008.

[15] 赵蓉英，曾宪琴，陈必坤. 全文本引文分析：引文分析的新发展[J]. 图书情报工作, 2014,58(9): 129-135.

[16] 陈淑平. 内容分析法成为图书馆学情报学研究方法的相关问题探讨[J]. 情报资料工作, 2009(1): 19-22.

[17] 陆伟，孟睿，刘兴帮. 面向引用关系的引文内容标注框架研究[J]. 中国图书馆学报, 2014,40(6):93-109.

[18] 陈晓丽. 引文评价中的引文方式与力度因素[J]. 图书馆, 2000(6): 43-45.

[19] 胡志刚，陈超美，刘则渊，等. 从基于引文到基于引用：一种统计引文总被引次数的新方法[J]. 图书情报工作, 2013, 57(21): 5-10.

[20] HOU W R, LI M, NIU D K. Counting citations in texts rather than reference lists to improve the accuracy of assessing scientific contribution[J]. Bioessays, 2011,33(10): 724-727.

[21] VOOS H, DAGAEV K S. Are All Citations Equal? Or, Did We Op. Cit. Your Idem?[J]. Journal of Academic Librarianship, 1976,1(6): 19-21.

[22] 何荣利，魏洪善. 引文在论文中的分布和被引用内容的调查与分析[J]. 图书情报工作, 2000,44 (2): 26-29.

[23] SOMBATSOMPOP N, KOSITCHAIYONG A, MARKPIN T, et al. Scientific evaluations of citation quality of international research articles in the SCI database: Thailand case study[J]. Scientometrics, 2006,66(3): 521-535.

[24] DING Y, LIU X, GUO C, et al. The distribution of references across texts: Some implications for citation analysis[J]. Journal of Informetrics, 2013, 7(3): 583-592.

[25] 祝清松，冷伏海. 引文类型识别研究进展[J]. 图书情报知识, 2013(6): 70-76.

[26] 刘盛博，丁堃，张春博. 基于引用内容性质的引文评价研究[J]. 情报理论与实践, 2015,38(3):77-81.

[27] BOYACK K W, KLAVANS R. Co-citation analysis, bibliographic coupling, and direct citation: Which citation approach represents the research front most accurately?[J]. Journal of the American Society for Information Science and Technology, 2010,61(12): 2389-2404.

[28] ELKISS A, SHEN S, FADER A, et al. Blind men and elephants: What do citation summaries tell us about a research article?[J]. Journal of the American Society for Information Science and Technology, 2008,59(1): 51-62.

[29] GIPP B, BEEL J. Identifying related documents for research paper recommender by CPA and COA[C]//Proceedings of International Conference on Education and Information Technology. Berkeley: International Association of Engineers, 2009:636-639.

[30] ETO M. Evaluations of context-based co-citation searching[J]. Scientometrics, 2013,94(2): 651-673.

[31] BOYACK K W, SMALL H, KLAVANS R. Improving the accuracy of co-citation clustering using full text[J]. Journal of the American Society for Information Science and Technology, 2013,64(9):1759-1767.

[32] 刘盛博，张春博，丁堃，等. 基于引用内容与位置的共被引分析改进研究[J]. 情报学报，2013，32(12): 1248-1256.

[33] ANDERSON M H, SUN P Y. What have scholars retrieved from Walsh and Ungson (1991)? A citation context study[J]. Management Learning, 2010,41(2): 131-145.

[34] CHANG Y W. The influence of Taylor's paper, Question-Negotiation and Information-Seeking in Libraries [J]. Information Processing & Management, 2013, 49(5): 983-994.

[35] O'CONNOR J. Citing statements: Computer recognition and use to improve retrieval[J]. Information Processing & Management, 1982,18(3): 125-131.

[36] BRADSHAW S. Reference directed indexing: Redeeming relevance for subject search in citation indexes[M]// Proceedings of the 7th European conference on digital libraries. Trondheim: Springer, 2003:499-510.

[37] MERCER R E, MARCO, C D. A design methodology for a biomedical literature indexing tool using the rhetoric of science[C]//BioLink workshop in conjunction with NAACL/HLT. Boston: Association for Computational Linguistics, 2004:77-84.

[38] SMALL H. The synthesis of specialty narratives from co-citation clusters[J]. Journal of the American Society for Information Science, 1986,37(3): 97-110.

[39] MOHAMMAD S, DORR B, EGAN M, et al. Using citations to generate surveys of scientific paradigms[C]// Proceedings of Human Language Technologies: The 2009 Annual Conference of the North American Chapter of the Association for Computational Linguistics. Boulder: Association for Computational Linguistics, 2009:584-592.

[40] CHANG Y-W. A comparison of citation contexts between natural sciences and social sciences and humanities[J]. Scientometrics, 2013,96(2): 535-553.

[41] DING Y, ZHANG G, CHAMBERS T, et al. Content-based citation analysis: The next generation of citation analysis[J]. Journal of the Association for Information Science and Technology, 2014, 65(9):1820-1833.

第 2 章 引用内容分析的理论与方法

本章从引用内容分析的研究范畴、步骤和功能等方面系统地构建引用内容分析的理论。首先，基于六何分析法提出引用内容研究的范畴，包括引用内容的主体研究、引用时间研究、引用主题研究、引用位置研究、引用动机研究、引用强度及倾向性研究。其次，以内容分析法为基础，提出引用内容分析的六个步骤。最后，从引用内容分析的应用角度，提出引用内容分析的三方面功能。从引用内容数据的获取、引用内容信息的抽取、存储角度分析引用内容分析实现的客观条件，探讨引用内容主题分析、位置分析、倾向性分析所需要的研究方法。

2.1 引用内容分析的范畴与步骤

2.1.1 引用内容分析的范畴

本书采用管理学领域常用的 5W1H 法[why（为什么，即目的）、what（是什么，即对象）、where（在哪儿，即地点）、who（谁，即人员）、when（什么时候，即时间）、How（如何，即方法）]系统地讨论引用内容分析的研究范畴，针对引用内容的特征，从以下六方面提出引用内容研究所涉及的范畴及围绕引用内容可展开的相关研究。

1. 引用内容的主体研究

引用内容的主体研究即研究的是谁（who）引用的引用内容。

对主体的研究是科学计量学研究的基本问题。引用内容的主体来自施引文献，包括施引作者、施引机构、施引国家、施引文献、施引期刊。不同主体中的引用内容可以体现出不同的引用价值。例如，不同作者对同一篇文献的理解并不相同，他们在引用同一篇文献时，采用的引用内容也会有差别。因此在对引用内容进行分析时，需要识别出引用内容的主体，并对这些主体进行分析。对引用内容主体的研究可以从以下两个方面展开：

① 研究引用内容在不同主体中的特征，如高影响力作者与低影响力作者在引用同一篇参考文献时，引用内容所表现的特征差异；引用内容在不同影响因子的施引期刊中所表现出的不同特征等。

② 主体耦合研究。在文献耦合研究中，如果两篇文献同时引用一篇或多篇参

考文献，它们就具有耦合关系，而并未考虑它们在引用同一篇文献时，引用内容的差别。引用内容的差别可能会对文献耦合关系产生一定影响，具体影响有待人们进一步研究。

2. 引用时间研究

引用时间研究即研究的是什么时候（when）引用的引用内容。

通过引用内容时间的研究，可以揭示引用内容的变化规律。通常一篇论文在发表初期被引用时，施引文献引用的是这篇文章的核心理论或方法，随着理论或方法的成熟，人们可能从其他角度来引用这篇论文。同时，随着时间的推移，这篇论文被引用的位置也可能会有所变化。因此，对引用时间的研究主要揭示的是引用内容和引用位置随时间演化的特点。

3. 引用内容的主题研究

引用内容的主题研究即研究的是引用了什么内容（what）。

引文的引用主题多样化体现出该引文多方面的引用价值。通常一篇论文在被引用时，人们并不是从同一角度对其进行引用，而是根据不同需求进行引用。因此，一篇论文的引用内容也会体现出多个主题方面。通过引用内容主题的分析，可以揭示引用过程中多种方向的知识继承与扩散。每篇论文在写作过程中都会在论文摘要中描述这篇论文所研究的主题内容，在分析这篇论文的引用内容主题时，如果这些引用内容主题与被引文献摘要中的主题相似，那么该引用过程所体现的更多是知识的继承过程，而如果二者主题相差较远，那么该引用过程更体现为知识的扩散过程。

对引用内容主题的研究主要包括两方面：一方面是研究如何揭示引用内容的主题，可以采用主题词词频统计、主题词可视化以及主题分类等方式来实现；另一方面是比较引用内容主题与施引文献主题、引文自身主题的差别，进而揭示引用主题及其演化的特征。在主题比较过程中首先需要识别出引用内容的主题，其次计算引用内容的主题与施引文献主题、引文自身主题之间的关联性，主要通过各个主题中的主题词相似性比较来实现。最后，根据比较结果，揭示出引用主题以及知识演化的特征。

4. 引用位置研究

引用位置研究即研究的是在什么位置（where）引用了引用内容。

引用位置指的是引文在施引文献中标注的位置，通常可以采用句子、段落或章节来描述引文的引用位置。例如，一篇引文 *C* 在施引文献 *A* 中的引用位置是第 3 章第 10 个段落第 95 句话。通过对不同位置上的引用内容的文本内容分析，可以揭示引用内容在不同位置上的分布特点及规律。在传统的基于著录信息的引文分析研究中，通常忽略引用位置的信息，因而缺少对引用发生位置的特点及其与传统引文分析的联系的研究。引用位置的研究主要包含以下三个方面。

首先，分析在科技文献中的引文在文章不同位置中的分布情况，根据引文的引用内容信息，揭示不同位置上的引用内容所具有的特点和功能。引用内容在科技论文中不同位置出现时，它们的作用有所不同。例如，论文前言部分中的引用内容多是介绍他人工作，而方法部分的引用内容会描述施引文献所采用的方法，相对而言，方法部分的引用内容对施引文献更为重要。由此可见，引用内容与科技论文结构具有一定的关系。Sombatsompop 等[1]的研究将引用位置划分为四部分，分别是引言、实验、结果讨论、结论，这四部分是一篇科技论文所包含的基本内容，但科技论文的结构中可能还包含一些其他章节，如背景章节、数据章节等，因此，在具体研究中，还需要根据科技论文的结构，对引用位置进行详细划分，从引用内容的位置和内容分布特征来揭示不同位置上的引用内容所表现出的特点和功能。

其次，分析共被引位置的分布规律。引用位置所对应的是引用内容所在的绝对位置，通常采用章节号、章节类型、段落号、句子号来表示，而共被引位置指的是两篇引文的引用内容的相对位置，采用相对距离来表示。本书根据科技文献的结构特点，将共被引相对距离分为四类，分别是句子层次共被引、段落层次共被引、章节层次共被引和文章层次共被引，通过对这四类共被引在不同期刊中和不同章节中的分布研究来揭示共被引分布规律。

最后，研究共被引位置与共被引分析的关系。传统的共被引分析研究没有考虑共被引文献在施引文献中的位置，只要它们被同一篇文献引用，它们就被同等对待，没有考虑它们在施引文献中的出现位置的远近。参考文献中有些文献可能在同一句话中被同时引用，还有一些参考文献可能在文章中比较远的位置被同时引用。直观看来，发生在同一句子中的两篇共被引文献间的关系应该比在不同段落中共被引的文献关系更紧密，而不同段落中的共被引文献间的关系，可能会比不同章节中的共被引关系更紧密一些。在 Elkiss 等[2]的研究中也发现，相同句子中的共被引关系要比相同章节中的共被引关系更紧密。但这种共被引位置的分布会对引用或共被引行为产生怎样的影响？这种位置分布给共被引分析提供哪些信息？这些都将是引用位置研究的主要任务。

5. 引用动机研究

引用动机研究即研究的是为什么（why）引用。

引用动机是引文分析的一项重要任务，研究人员无论引用哪条参考文献，都是有一定原因的。人们研究发现，引用动机包含较多种类，如对开拓者的尊重、对著作的肯定、提供背景材料、应用实验方法等。在早期引文分析研究中，引用动机主要采用调查访谈的方式来总结归纳。随着计算机技术的发展及引用内容的批量获取得以实现，引用动机可以从引用内容的文本内容中借助自然语言处理及文本挖掘技术来判断。

6. 引用内容的倾向性和引用强度研究

引用内容的倾向性和引用强度研究即研究的是如何引用的引用内容（how）。

一篇论文中的多条参考文献价值并非均等，作者在施引参考文献时，由于动机不同，对每条参考文献的描述也不同，有时会赞扬参考文献内容，有时会批评参考文献中的不足。有些参考文献在施引文献中可能被引多次，说明这些参考文献与施引文献内容较为相近，施引文献在引用过程中，对这些参考文献的引用强度较大。传统的引文分析，主要分析的是被引频次，在对引文进行评价时，也是通过引用频次来衡量，并未考虑这些引文是如何被引用的。因此，本书第 5 章将从引用内容的文本内容和位置信息中挖掘引用内容的倾向性和引用强度，进而将其应用在引文评价研究中，完善引文评价方法。

以上六方面研究内容之间存在紧密的联系，在具体研究中通常也将几方面内容放在一起。例如，在研究引用内容的主体时，通常也会研究不同主体的引用动机差别、引用内容主题差别等。

2.1.2　引用内容分析的步骤

传统的内容分析法把媒介上的文字、非量化的有交流价值的信息转化为定量的数据，通过建立有意义的类目系统分解交流内容，并以此来分析信息的某些特征，测验文献中本质性的事实和趋势，揭示文献所含有的隐性情报内容，对事物发展做情报预测[3-4]。

本书认为引用内容分析指的是对科学引证过程中，具有明确引用标识的知识传播内容（即引用内容）进行的客观、系统、定量的分析。

引用内容分析属于内容分析研究范畴，但其分析的文本内容是引用内容，既具有一般的文本属性，又具有引用行为及过程所生成的独特性质。因此，在对引用内容进行分析时，需要在传统的内容分析法基础上，结合科学计量学的分析方法。

事实上，引用行为的发生和进行也伴随着知识的继承与传播，而引用内容正是记录了这一过程的文本载体。传统的文献计量分析虽然可以从引用频次统计上推断引用行为特点，但无法深入引用内容层面，无法从内容角度揭示知识传播的特点。内容分析法是一种以研究传播内容为主的定量与定性相结合的分析方法，可以应用于研究任何文献或信息记录的交流传播事件。因此，采用内容分析法对引用内容进行分析具有一定的适用性。

通常内容分析法的应用主要分为以下六个步骤：

① 确定研究问题或假设；

② 抽取样本；

③ 确定分析单元；

④ 对材料进行编码或分类；

⑤ 计算和保存记录；

⑥ 分析汇总。

根据以上内容分析的六个步骤可得出引用内容分析主要包含以下步骤（图 2-1）。

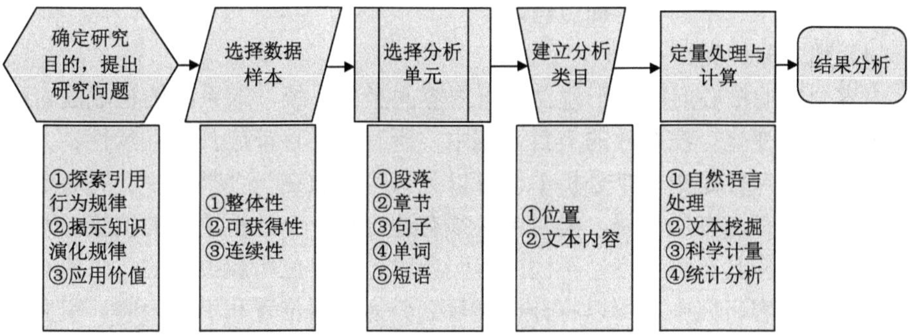

图 2-1　引用内容分析的步骤

（1）确定研究目的，提出研究问题

引用内容研究主要有三个目的。首先是揭示施引者的引用行为规律，包括引用动机、引文位置分布、共被引位置分布等。其次是揭示引用过程中的知识传播与继承规律，包括引用内容的主题基本特征、主题演化特征等。最后是探索引用内容分析的应用价值。传统引文分析的应用价值可以体现在遴选核心期刊、科研人才评价、揭示学科发展特征、信息检索等领域，引用内容分析将在传统引文分析应用基础上，体现出其独特的应用价值。

针对以上几个研究目的，在具体研究过程中需要解决以下几个问题：第一，如何识别引用行为规律？引用行为规律对传统引文分析有什么影响？第二，引用过程中所采用的引用内容有什么特点？它与施引文献和引文本身有什么关系？第三，引用内容分析在哪些研究领域可以应用？如何应用？

（2）选择数据样本

依据引用内容分析的目的，选择合适的数据样本。首先，数据样本中要有足够的信息量，既要有引用内容相关信息，又要有施引文献相关信息，以便对施引者的引用行为展开分析。其次，数据样本要具有连续性，在研究引用内容的主题和位置随时间变化特征时，需要在时间连续的样本上展开分析。最后，数据样本需要有一定的完整性，在对一篇引文的引用主题进行分析时，需要分析这篇引文的所有引用内容，但目前没有一个完整的数据库可以提供一篇引文的所有引用内容。在这种情况下，必须进行合适的数据样本选择，选择信息含量大、具有连续性、内容体例基本一致的数据进行研究。

（3）选择分析单元

选择分析单元即寻找分析所需的各项考察因素，这些因素都应与分析的目的有一种必然的联系，单词或单个符号、主题、人物以及意义独立的词组、句子或段落及至整篇文献都可以被作为分析单元。在引用内容分析过程中，所涉及的分析单元包括引用内容所在的句子编号、段落编号、章节编号和章节类型，引用内容所涉及的句子、单词、名词短语。

（4）建立分析类目

内容分析的核心问题在于建立分析内容的类目系统，该系统的构成随着研究主题的不同而变化。在有效的类目系统中，所有的类目都应具有互斥性、完备性和可信度。互斥性是指一个分析单位可以且只可以放在一个类目中；完备性是指所有分析单元都应有所归属，类目中必须有适合每一个分析单元的位置；可信度是指类目系统应具有可信度，不同的编码者对分析单位所属类目的意见应有一致性。在引用内容研究中，可以将分析类目划分为引用位置和引用内容。引文位置中所包含的分析单元包括引用内容所在的句子编号、段落编号、章节编号和章节类型；引用内容中所包含的分析单元包括句子、单词、名词短语。

（5）定量处理与计算

在采用计算机处理数据的情况下，首先，要对分析单元进行编码，把数字语言转换成计算机能识别的符号，在对引用内容进行分析时，主要采用自然语言处理技术来实现。其次，采用统计分析方法对这些编码进行简单统计分析，如引用内容的位置分布、引用频次分布等。最后，采用文本挖掘技术、科学计量学方法对这些编码进行深入分析。

（6）结果分析

根据研究目的和所要研究的问题，对结果进行分析，主要从定性角度对研究结果进行总结归纳。

2.2 引用内容分析的影响因素及功能

2.2.1 引用内容分析的影响因素

基于著录信息的引文分析在图书馆情报学、文献计量学、科技管理及信息科学领域都有重要的应用，如核心期刊认定、信息检索系统建设[5-6]、科研绩效评估、科技人才选拔、科技期刊评价、科技发展趋势预见等。同时，它也存在一定的局限性，著者引证文献是一个人为控制的思维和判断过程，而作为其表现形式的引证文献，仅仅是宏观的、表面的测度。这种单纯的计量方式，受作者引用动机、学科领域、学术环境等不同因素的影响，很难有公平、准确的评估结果[7]。因此，基于著录信息的引文分析法也暴露出很多缺点和不足，引文分析也受到很多限制因素的影响。

1. 著者因素

著者引用文献是受主观控制的思维和判断过程，难免受到各种客观、主观因素的影响。例如，著者引用的文献大部分是个人收藏的文献，少部分是本部门和就近图书馆的资料，其他城市或其他国家的文献所占比例就更小。这样著者选用参考文献时，其范围就很小，还要受到著者语言能力、文献本身年代、流通周期等多种因素影响，这样人们在应用引文分析时就难免不够客观、准确。Seglen[8]指出，影响因子是用于测度科学实用性的而不是测度科学质量的。作者在选择参考文献时存在很强的主观偏见，这与文献质量无关。

2. 引用文献的原因

引用文献的原因多种多样，两篇论文可能出于完全不同的原因或从不同的角度引用同一篇早期文献，一篇可能是引用其方法，另一篇可能是引用其结果，那么这两篇文献在内容上的联系就有可能是虚假的。引文有些发生在前言和篇名中，有些发生在正文中，有些发生在结论或讨论中。在这些情况下，作者对原著的引用内容和程度是不相同的，引文对原著的关系和重要性也各不相同。但在目前的引文分析中，对它们都是同等看待，不加区分的，这样也容易造成虚假关系。新刊的论文得不到大量引用，小型期刊被引率往往低于大型期刊，引而未用或用而未引的情况也时有发生。文献引用中的这些现象都会影响引文分析方法的应用和效果。

3. 文献被引用并不完全等于重要

文献被引用不一定反映其重要性。一篇错误观点的论文，可能因为批评指正的需要，被引频次（数量）会很高；相反，有些用而不引，作者在论文中不自觉地吸取了别人论文的某些观念，却没有将它当作引用文献。有些学科领域，有不引用论文的传统，引文很少。被引次数上的多少也不能完全说明质量上的优劣，它有很大的随机性。

4. 马太效应的影响[9]

有的研究者认为，在文献引用方面也存在马太效应的影响。人们往往以“名著”“权威”作为选择引文的标准，有的确实是出于需要，有的则是为了装饰门面，抬高自己论文的身价。一种期刊因为发表名人的文章而为众人所引用，以至引起连锁反应，结果其引文率很高。这种马太效应的心理作用，掩盖和影响了文献引用的真实性。

2.2.2 引用内容分析的功能

从上述基于著录信息的引文分析研究中可以看出，传统的基于著录信息的引文分析存在较多弊端。一方面受施引作者主观因素影响，存在错引、乱引等不规范引用行为，同时施引作者引用目的不同，引文对施引文献的作用也不同，存在正面引用和负面引用的影响；另一方面，引文在施引文献中被引用的位置和引用次数不同，所体现出的作用也不同。基于著录信息的引文分析无法将这些引文影响因素考虑在内，从而导致在应用引文分析时，所得到的结果不够精确。

引用内容分析可以从根本上解决上述种种弊端。例如，通过引用内容情感倾向性的分析，可以直接判断出施引作者的引用动机；通过引用内容的主题分析，可以直接排除错引、乱引等不规范引用，并且直接体现出引文的引用价值；通过分析引用内容发生的位置和频次，可以直接揭示出参考文献对施引文献的作用。

近年来，随着引用内容分析的兴起，其在引文分析的不同应用领域中也体现出不同的功能。

1. 对科学家和出版物进行定性与定量评价

传统的基于引文的评价主要通过引文的被引频次来实现，但这种评价方法存在较多弊端。一方面，引用频次无法体现出施引者的引用动机，施引者是在赞扬引文的工作还是批判引文的工作，在具体引文评价时应区别对待；另一方面，基于频次的评价方法将所有的引文价值视为等同，而没有考虑它们在被引过程中的价值差异性。例如，在一篇文章中多次被引用的论文的引用价值要明显高于只被引用一次的论文，而引文在文章中被引用的不同位置也体现出引文的不同价值。

通过对引用内容的文本倾向性分析和引用位置分析，可以更精确地评价一篇论文的引用价值。引用内容的文本倾向性分析可以辅助传统引文评价方法，使人们更准确地判断被引文献是好评如潮还是备受质疑。引用强度分析可以直接改进传统的基于频次的引文评价方法，包括用于期刊评价的影响因子、用于人才评价的 H 指数。

2. 深入发现科学知识演化特征

科学论文的引证过程体现科学知识的演化与发展。传统的引文网络研究通过文献的主题分析来揭示网络中科学技术的发展特征，这种分析方法虽然可以发现科学技术的发展特征，如共被引聚类主题的演化可以揭示领域内研究热点的变化，但所得到的结论较为宏观，无法精确地揭示引用过程中科学技术知识的继承与拓展。

引用内容是施引文献与被引文献的直接关联信息，一方面可以揭示被引文献的哪些知识被他人引用了，另一方面可以揭示施引文献的研究基础。在具体的应用研究中，可以利用引用内容来揭示直接引用网络和共被引网络中科学技术的发展特征。在直接引用网络中，如果将网络中的每个节点转换为引用内容的概念，就可以直观地揭示出科学知识的演化历程。在共被引网络中，通过共被引内容的分析，可以揭示新的科学知识是以哪些知识为基础产生的。

3. 提高引文检索精度

引用内容可以应用在信息检索研究中，研究的主要手段是将引用内容中的索引词抽取出来，与引文本身的索引词相结合，进而提高引文的检索效率[10-11]。一篇文献能够被引用，说明其某一方面或多方面具有引用价值，而具体在哪些方面具有引用价值，是通过这篇文献的引用内容体现出来的。这些引用内容中所包含的索引词可能与该引文本身的索引词（通常来源于标题、关键词和摘要）重复，也可能与该引文本身的索引词不相关。当索引词重复时，说明这篇文献在这些索引词方面具有较高的引用价值，因此需要对这些索引词赋予较高的权重，以便人们在查找与此索引词相关的文献时能够快速检索到这篇文献。当引用内容中的索引词与引文本身的索引词不相关时，说明这篇文献的一些引用价值并没有被作者本身意识到，但这些引用内容中的索引词仍然与该文献密切相关，也可以作为该篇文献的索引词，以便人们在检索此索引词时，能够找到该篇文献。

2.3　引用内容分析的实现

2.3.1　数据与数据库条件

过去几十年，文献计量学由题录分析发展到引文分析阶段，研究对象也由单元文献的信息统计发展到文献间的关联测度。引文分析利用引文数据库，通过对直接引用或共引的频次的统计和测算，来挖掘学科领域的发展脉络、知识结构和前沿热点。然而，传统的引文分析由于数据本身的局限，只能进行基于引用频次的计量或进行文摘层面的简单知识挖掘，并不能反映文献引用的位置层次和具体内容。在互联网时代，计算机技术发展带来的数据可再加工特点，为进行全文层次的引文分析和知识挖掘提供了可能。

引用内容分析是与全文信息的可获得性相伴随的。引用内容分析的数据基础是全文信息。但在当前技术条件下，并不是所有的全文数据都适合用于引用内容分析，数据来源需要满足以下几个条件：

① 数据格式要求是计算机可以识别的文本格式。通常研究人员在SCI（science citation index，科学引文索引）数据库、Google Scholar等数据库中可以下载到一些全文数据，但这些数据通常提供的是PDF格式下载，无法用计算机识别处理。

② 数据结构要求具有一定的格式化结构，虽然不要求是全结构化数据，但也至少需要半结构化的文本数据，以便可以采用计算机技术来识别出文章的基本信息以及引用内容的基本信息。

③ 用于引用内容分析的数据集应该是一个相对完整、连续的数据集。在分析某一引文的引用内容时，需要从全文数据集中获取这篇文献的所有引用内容，如果数据集不完整或只有几本期刊，就无法获得这篇文献被引用的全部信息，从而使引用内容分析受到局限。

虽然引文的引用内容可以提供与引文最直接、最相关的信息，但相对于引文分析其他方面的研究而言，对于引文内容的研究较少，其中一个重要原因是引用内容很难获取。获取难度主要体现在两方面：一方面，一篇引文可能被不同领域的研究者引用，其引用内容可能分布于不同期刊或学科领域；另一方面，目前可以提供全文信息的数据库较少，可获得的数据样本有限。

早期研究通常采用人工抽取的方法对其进行获取，近年来，随着计算机技术的发展和全文数据库的完善，研究人员可以从全文数据库中获取文献的全文，利用计算机技术从数据库全文中抽取引用内容进行分析。CiteSeer和PubMed Central等全文数据库的开发，为引用内容研究提供了良好的数据基础，但人们只是下载部分数据作为研究数据。此外，研究人员在研究引用内容时也采用一些会议数据集或评测数据集作为数据基础，如ACM SIGIR、ACL Anthology、TREC，此类数据集样本较小，在引用内容研究中局限性较大。

本书实验选择可以提供批量全文数据下载的PubMed Central数据库作为数据基础，此数据包含PubMed数据库中的所有全文数据，涵盖生物医学领域2000年至今共3 000余本期刊。同时，此数据库还提供数据批量下载，数据库中的所有全文信息都共享到FTP上，共包含四个文件包，目前约10GB的数据量供人们批量下载，并且数据实时更新。下载到的全文数据格式是XML格式，属于半结构化文本，为引用内容的抽取提供了客观条件。

虽然数据库提供了文献的全文信息，但研究人员无法从数据库中直接检索一篇文章的所有引用内容，需要下载全文数据后，从数据中对引文信息进行抽取分析。早期的手工抽取需要的工作量太大，有些文章被引频次达到上千次，手工抽取较难实现。目前主要采用计算机技术从全文中抽取这些引用内容，但并非所有研究者都能掌握足够的计算机技术来实现引用内容的抽取，这就限制了很多研究人员的研究步伐。本书在对引文内容进行深入研究之前，需要将海量全文数据中的引用内容相关信息抽取出来，并对其进行结构化存储，为引用内容的研究与应用提供数据支撑。

2.3.2　引用内容分析的实现方法

引用内容分析的实现方法包含引用内容的抽取方法、数据库的使用、引用内容的分析方法三个方面。

1. 引用内容的抽取方法

全文数据为引用内容分析提供了数据基础，而具体的引用内容分析还需要将引用内容信息从全文数据中抽取出来，抽取过程中除了要获得引用内容的文本信息，还需要获得引用内容的位置信息。具体过程包含以下三个步骤。①XML 文本解析。全文数据通常以 XML 格式存储，需要对此格式的数据进行解析，解读 XML 文本中标签的具体含义，需要借助计算机程序。目前 XML 解析技术已经比较成熟，网络上也有较多可用的 XML 解析器。②文献结构切分。需要采用自然语言处理技术，将整篇文献进行划分，主要依据 XML 文本的标签含义和句子切分方法来实现。将论文的结构进行详细划分后，可以用于识别引用标签所在的句子以及引用内容发生的位置。③信息存储。将每篇文献中的所有引文的引用内容进行存储，需要采用数据库存储技术来实现。数据存储时，除了包括引用内容的文本内容和位置信息外，还需要同时保存引用内容的施引文献信息。

本书将以 PubMed Central 数据库中的所有全文数据为基础，运用自然语言处理技术和数据库技术，实现引用内容的获取，并将所有引文相关信息存储在数据库中，以便对引用内容展开深入研究。

引用内容获取模块包含三部分处理内容，分别是数据采集、引用内容存储和引用内容索引，如图 2-2 所示。

（1）数据采集

数据来源于 PubMed Central 全文数据库，此数据库除了提供文献检索功能外，还提供数据批量下载服务，通过 FTP 下载数据库中所有全文数据。本书采用数据集为 2000—2012 年数据，共 3 431 本期刊，622 801 篇论文。

（2）引用内容存储

引用内容的存储是非结构化数据转换为结构化数据的重要步骤，PubMed

Central 数据库中的全文数据是以 XML 格式存储的。XML 全文文本由三部分组成，分别是施引文章基本信息、正文信息和参考文献信息。

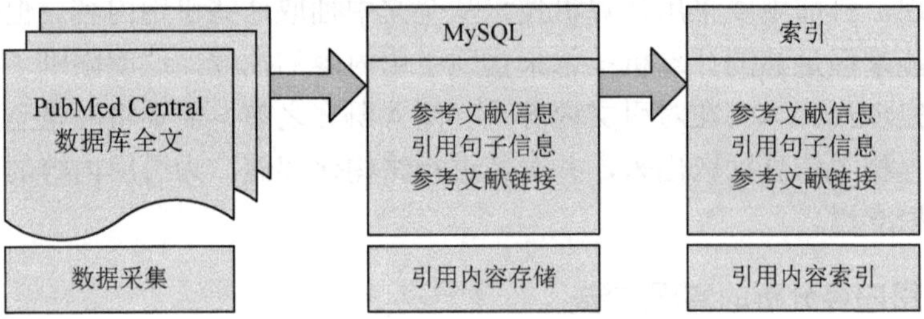

图 2-2　引用内容获取模块设计

① 施引文章基本信息包括文章作者、机构、标题、关键词、时间、文章编号等。

② 正文信息包括摘要和章节信息，同时在正文中出现参考文献标签时，都明确标注参考文献特定的编号。

③ 参考文献信息包括参考文献编号、参考文献作者、年份、期刊、页码等。

图 2-3 显示了一个 XML 格式文本中包含的引文信息结构，不包括施引文章基本信息。

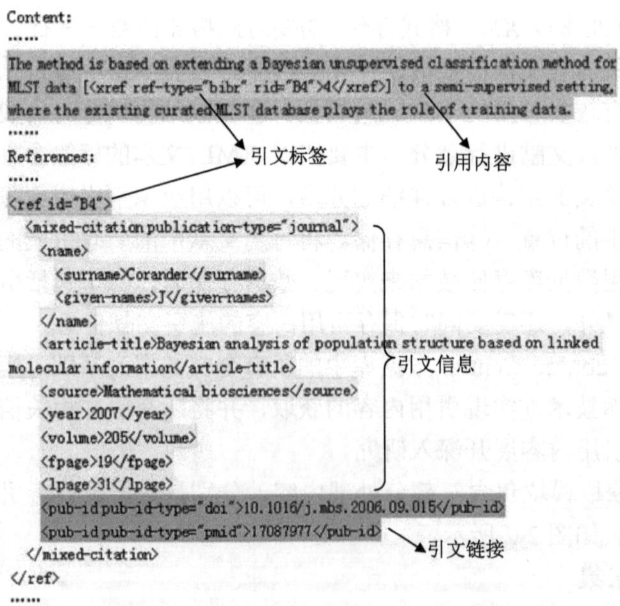

图 2-3　XML 格式文本中引文信息结构

在全文中出现的引用标签采用的编号 rid="B4"与参考文献信息中的参考文献编号 id="B4"对应，在全文中出现这个标签编号的句子就是这篇参考文献的引用内容。也可以根据不同需求存储不同的句子数量，如将引用句子长度限定为五句话，分别是引用标签的句子、引用标签的前两句和后两句[12]。在存储引用内容信息时，除了保存包含引用标签的句子，还可以查找这个句子前后的句子，以便对引用内容的文本范围进行扩充。

采用 Java 程序语言对 XML 文本进行解析后，抽取出每条参考文献的基本信息以及参考文献在全文中所对应的引用内容，而引用内容除了引用句子信息外，还包括引用句子在文章中的位置，引用位置采用句子编号、段落编号、章节编号和章节名称来描述。

引用内容的位置信息获取主要分为三个步骤。首先，对每篇文档进行编码保存，以便识别引用内容所在的文章。其次，将每篇文献的正文信息进行句子划分，对正文中的每个句子从前到后赋予句子编号，同时也对段落和章节赋予编号。最后，抽取引用内容信息时，找到参考文献对应的引用句子后，将这个句子所对应的句子编号、段落编号、章节编号、章节名称以及这个句子所在的文章编号都作为引用内容信息进行存储。

在抽取参考文献基本信息时，保存了参考文献的链接信息，在 XML 文本中，提供了参考文献在 PubMed 数据库中的 id 号（参考文献收录在 PumMed 数据库中）和参考文献的 doi 号，可以根据 PubMed 的 id 号，直接在 PubMed 数据库中链接到这篇参考文献。如果这篇参考文献不在 PubMed 中，可以根据 doi 号在 doi 查询系统中直接找到这篇参考文献的链接。

从 622 801 篇文献中共获得 17 551 920 个引用句子，将这些引用句子及其所对应的引用位置信息作为引文内容存储在数据库中，在 MySQL 数据库中新建一个数据库，命名为“CitationContext”，用于存储本研究中所需要的数据。

在 CitationContext 数据库中对引用内容相关信息进行存储时，主要采用三个数据表来实现，三个表的具体内容如下：

第一个表是用于存储文章基本信息的，包括文章在数据库中的编号、作者、机构、标题、摘要、关键词、期刊、期卷、页码、年份和参考文献数量，此表命名为“Article”表。

第二个表是用于存储文章内容信息的，内容包括文章编号、句子、句子编号、段落编号、章节编号和章节名称，此表命名为“Content”表。

第三个表是用于存储引文信息的，包括参考文献的作者、年份、期刊、页码、doi 号、Pubmed 编号、施引文献的编号、年份、引用句子，将此表命名为“Reference”表。

三个表的具体结构如下：

Article：id，uid，author，institution，title，abstract，keywords，source，volume，issue，bp，ep，page，dt，doi，year，month，date，citations。

Content：uid，sentence，sentenceNu，paragraphNu，SectionNu，SectionName。

Reference: id，author，year，source，volume，page，citer uid，citer year，sentence，doi，pmid。

在具体应用时，通常需要将三个表联合使用。例如，在做共被引网络分析时，可借助 CiteSpace 软件来实现，因此，需要将每篇文献转换为 CiteSpace 软件可以处理的格式，CiteSpace 需要的文献格式为 ISI 数据库下载的文献格式，包括 PT、AU、TI、SO、DE、ID、AB、C1、CR、NR、TC、PY、VL、PG、SC、UT、ER 字段，各个字段的含义如表 2-1 所示，需要的数据格式中既包括文章基本信息，也包括参考文献信息，因此需要将“Article”表和“Reference”表联合使用。

表 2-1　CiteSpace 数据格式中各个字段含义

字段	含义	实例
PT	文献类型	J
AU	作者姓名	Volgy，T J Imwalle，L E
TI	文章题目	Two faces of hegemonic strength: Structural versus relational capabilities
SO	文章来源	INTERNATIONAL INTERACTIONS
DE	描述关键词	hegemonic strength，international system，global architecture
ID	关键词	POWER; STATE; POLITICS; WAR
AB	摘要	We examine two concepts associated with hegemonic strength: Relational versus structural capabilities. We develop a measurement……
C1	作者机构	Univ Arizona，Dept Polit Sci，Tucson，AZ 85721 USA
CR	参考文献	US DEP STAT，1995，PATT GLOB TERR 1994 BOLI J，1997，AM SOCIOL REV，V62，P135 BRECHER M，1997，STUDY CRISIS
NR	参考文献数	46
TC	总被引频次	0
PY	发表年份	2000
VL	卷号	26
PG	页数	23
SC	分类	International Relations
UT	ISI 文件号	ISI:000165758100001
ER	文本结束符	

在对引用内容主题进行分析时，通常不仅需要分析包含引用标签的句子，还需要分析引用标签前后的句子，而这些信息并没有完全存储在“Reference”表中，需要将“Content”表进行联合使用才能实现，在处理引用位置分布时，也需要将“Reference”表和“Content”表联合使用。

（3）引用内容索引

虽然引文信息数据已经保存在 Citation Context 数据库中，但如果在数据库中直接检索引文信息，速度非常慢，并且不易操作，因此借助信息检索中的索引技术来为数据库中的引文信息建立索引，通过索引检索可以提高引用内容的检索速度。PubMed Central 中全文数据量较大，在 MySQL 数据库中分多个表存储，在建立索引时，需要对每个表建立索引，然后进行索引合并。本书中实验采用的索引工具是 Lucene v3.5，可在传统全文检索引擎的倒排索引的基础上实现分块索引，能够针对新的文件建立小文件索引，提升索引速度，然后通过与原有索引的合并，达到优化的目的。需要建立索引的内容包括引用内容、参考文献作者、时间、期刊、页码和参考文献链接。

2. 数据库的使用

本书实验所设计的 Citation Context 数据库存储了 PubMed Central 数据库中的所有全文信息，具体可从两个角度来使用此数据库：一是设计一个用户交互平台，为人们查找单篇文献的引用内容提供方便，也为本书后继研究中的引文评价研究提供一个实现平台；二是本书各个章节所需要的数据结构并不相同，都需要以此数据库为基础展开研究。

（1）单篇文献引用内容检索平台

单篇论文引用内容检索模块是用户与平台交互的模块，用户通过此模块来检索文献的引用内容信息。首先，用户需要提交给平台所要检索的文献的基本信息，如作者、时间、期刊、页码等信息。其次，平台接收到这些信息后，通过数据库索引在参考文献信息中查找与用户提供信息相匹配的文献，每匹配到一条信息，就可以同时找到一条引用内容信息。最后，平台返回给用户的是关于每篇检索到的参考文献的所有引用内容。提供的检索信息越详细，检索结果越精确。如果提供的检索信息包括一篇文章详细的作者、时间、期刊和页码信息，则返回给用户的这篇引文的所有引用内容；如果输入的信息只有作者，则返回给用户这个作者的所有论文以及每篇论文所对应的引用内容信息。

为方便用户与平台的交互，利用 HTML 表单功能，将平台检索界面设计成如图 2-4 所示，用户在检索栏内输入要查找的引文信息，输入的内容可以包括作者、年份、期刊、刊号和页码信息，各个信息间用“，”间隔，输入信息越多，检索结果越准确。单击“Searchcontext”按钮后，系统开始查找与输入内容相匹配的文献，然后将这篇文献和引用这篇文献的所有引用内容返回给用户。在结果显示区域，除了所有引用内容信息外，还包括了这篇文献的被引频次以及被引句子数。

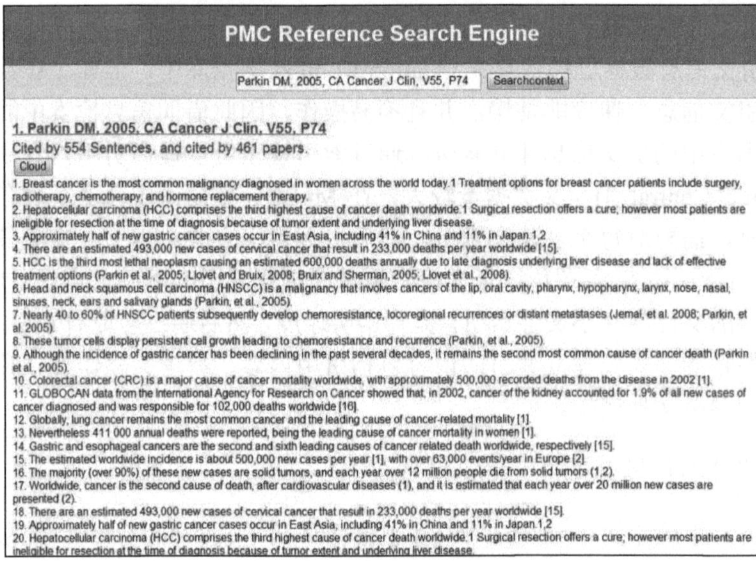

图 2-4　引文内容检索实例

以检索文献“Parkin DM，2005，CA Cancer J Clin，V55，P74”为例，在检索栏中输入这篇文献的全部信息，检索结果显示共有 461 篇文章引用了这篇文献，有 554 个句子引用了这篇文献，同时显示了这 554 个引用句子的具体内容，图 2-4 只显示了其中 20 个引用句子。在结果中，点击这篇文献，可以通过数据库中的引文链接信息查找这篇文献的相关信息。从这篇文献的标题和摘要可以看出，它的主要内容是研究全球癌症的统计，包括不同地区、不同类型癌症的发病率和死亡率等。

此检索平台可以提供一篇论文的所有引用内容检索功能，通过此平台的检索，人们不仅可以获取一篇论文的被引频次，还可以直观地看出一篇论文是如何被引用的，并且可以以此平台为基础，对这些引用内容进行详细分析，如引用动机分析、主题词分析等，为本书引用内容分析提供一个良好的研究环境。

（2）数据库在本书各章中的使用

将 PubMed Central 所有数据导入 Citation Context 数据库后，基本完成了数据准备工作。在后面各章中，并没有使用全部的 PubMed Central 数据，而是选择部分数据来做样本，根据不同分析对象和目的，每章所使用的数据也不相同，这些数据都可以从已建好的数据库中直接抽取出来。具体各章中所需要的数据及分析过程如下：

第 3 章：在引用内容的位置分析研究中，采用的数据样本是 22 本 BioMed Central（BMC）期刊，在具体分析过程中，主要根据“Content”表和“Reference”表抽取引用位置相关信息，并对这些信息展开深入研究。在研究引用内容在共被引分析中的应用时，采用的是三本 BMC 期刊作为数据样本，数据信息来自

“Content”表和“Reference”表中的位置与内容信息。

第 4 章：在引用内容主题分析研究中，首先应用的是全部 PubMed Central 数据，根据本章设计的单篇论文引用内容检索平台，对单篇论文的引用内容主题可视化展开研究，随后采用的八本 BMC 期刊作为数据基础，根据“Content”表和“Reference”表抽取出引用内容（句子）文本信息，对这些文本信息进行主题分类研究，同时根据“Article”表和“Reference”表抽取出施引文献标题和摘要信息，对这些信息进行主题分类，并将结果与引用内容主题进行对比分析。引用内容在信息检索中的应用所使用的数据都是 PubMed Central 中的全部数据，在信息检索应用中，主要使用了数据库中三个表的索引信息，

第 5 章：基于引用内容的科技论文评价研究中，主要是在单篇论文引文检索平台基础上对单篇论文进行评价，采用的是 PubMed Central 中的全部数据。

3. 引用内容的分析方法

引用内容获取后，需要采用一系列方法对引用内容进行分析。从引用内容分析的主要研究内容和步骤可知，引用内容分析的对象主要是引用位置和文本内容，而在具体分析时，需要包括引用位置的分析方法、引用主题的分析方法和引用动机的分析方法。

在对引用位置进行分析时，将自然语言处理技术与引文分析、共被引分析相结合。采用自然语言处理技术中的句子切分方法，识别引用内容发生的位置，进而统计引用位置的分布规律。采用语义分析技术对不同位置上的引用内容进行分析，揭示不同引用位置上的引用内容特点。根据引用内容所在的位置，对共被引位置进行划分，采用共被引分析方法，统计不同章节中的共被引关系分布规律；对不同位置上的共被引关系进行共被引频次分析和共被引网络分析，在共被引网络分析时，还需要借助可视化软件对网络进行可视化分析。

在对引用内容的主题进行分析时，需要将自然语言处理技术、文本挖掘技术与科学计量学方法相结合。首先采用自然语言处理技术中的词性标注和名词短语识别技术，抽取出文本内容中的词或短语，然后根据不同研究目的，采用不同方法对这些词或短语进行分析。在研究引用内容主题时，一方面可以采用科学计量学中的词频分析方法，利用高频词来揭示主题，同时结合文本挖掘技术中的标签云技术，对这些高频主题词进行可视化分析；另一方面可以采用文本挖掘技术中的主题模型技术，归纳出引用内容所包含的潜在主题，结合信息熵技术，揭示引用内容中主题词的广义-狭义性。

在对引用内容的倾向性进行研究时，需要将语义分析方法和模式匹配方法相结合：一方面通过对引用内容中的情感词的语义分析，识别引用内容的情感倾向性；另一方面通过对引用内容中的线索词及短语的模式匹配来揭示引用内容的倾向性。

参 考 文 献

[1] SOMBATSOMPOP N, KOSITCHAIYONG A, MARPIN T, et al. Scientific evaluations of citation quality of international research articles in the SCI database: Thailand case study[J]. Scientometrics, 2006,66(3): 521-535.

[2] ELKISS A, SHEN S, FADER A, et al. Blind men and elephants: What do citation summaries tell us about a research article?[J]. Journal of the American Society for Information Science and Technology, 2008,59(1): 51-62.

[3] 孙瑞英. 从定性、定量到内容分析法：图书、情报领域研究方法探讨[J]. 现代情报, 2005(1): 2-6.

[4] 陈淑平. 内容分析法成为图书馆学情报学研究方法的相关问题探讨[J]. 情报资料工作, 2009(1):19-22.

[5] EGGHE L, ROUSSEAU R. Introduction to informetrics: Quantitative methods in library, documentation and information science[M]. Amsterdam:Elsevier,1990.

[6] PAO M L, LEE M. Concepts of information retrieval[M]. Englewood, Libraries Unlimited, 1989.

[7] 李冲. 引文分析的本质与学术评价功能的条件性[J]. 科学学研究, 2013, 31(8): 1121-1127.

[8] SEGLEN P O. Why the impact factor of journals should not be used for evaluating research[J]. British Medical Journal, 1997,314(7079): 498.

[9] 杨思洛. 引文分析存在的问题及其原因探究[J]. 中国图书馆学报, 2011,37(3): 108-117.

[10] O'CONNOR J. Citing statements: Computer recognition and use to improve retrieval[J]. Information Processing & Management, 1982,18(3): 125-131.

[11] RITCHIE A, TEUFEL S, ROBERTSON S. How to find better index terms through citations[C]//Proceedings of the workshop on how can computational linguistics improve information retrieval? Sydney: Association for Computational Linguistics, 2006:25-32.

[12] 陈晓丽. 引文评价中的引文方式与力度因素[J]. 图书馆, 2000(6): 43-45.

但并未对四个层次做详细说明，也未对共被引距离进行阐述。

共被引位置除了用于分析共被引关系外，还被用于加强文献检索效率。Gipp 和 Beel[7]根据共被引发生位置，将共被引关系划分为五个层次，分别是相同句子层次共被引、相同段落层次共被引、相同章节层次共被引、相同期刊层次共被引、相同期刊不同版本层次共被引，他们对发生在这五个层次上的共被引关系进行赋值，并采用相关文献检索的方法来验证位置层次赋值对共被引分析的有效性，结果发现，加入共被引权重后的检索效率要比传统未加入权重的检索效率提高两倍。Eto[8]研究了引用位置在信息检索中的应用，他将共被引文章划分为四类，分别是同引用标签共被引、同句子共被引、同段落共被引和不同段落共被引。当共被引发生在不同位置时，给予不同的相似性权重，权重值分别为 4、3、2、1，加入共被引权重后，对信息检索效果有明显提高。

从上述学者们的研究中可知，人们研究引用位置时主要从单篇引文的引用位置和两篇引文的共被引位置两方面展开。在研究单篇引文的引用位置时，虽然人们对引文位置进行划分，并对不同位置引文内容特点进行了研究，但对引文在文章不同位置的分布比例、不同位置中引用内容的作用等没有做详细分析。在研究共被引位置时，虽然根据不同标准划分了共被引位置，但共被引关系在不同共被引位置上的分布特点、不同位置上的共被引与共被引频次的关系、不同位置上的共被引关系在整体共被引网络中的位置及特点等问题都有待进一步研究。

3.2 引用位置的分布及特点分析

3.2.1 引用位置的分布

本研究将引用位置按照章节标题，详细划分为引言、背景、方法、数据、结果、应用、讨论和结论，在不同的章节中，分布的引文数量并不相同。章节信息可以在全文信息中抽取，在 XML 文本中，章节信息以“Section”字段明确标出，在本书前文设计的 CitationContext 数据库中，已经存储了每条参考文献在文章中分布的章节信息，一篇英文文章中典型的章节结构包括 introduction、background、method、datasets、result、implementation、discussion 和 conclusion。然而，具体的文章中可能有很多其他方式的章节命名办法，如 construction and content、testing、evaluation 等。以这些名称命名的章节被统一划分到一类中，将其命名为“其他”。

以 *BMC Bioinformatics* 期刊为例，数据选取年份为 2001—2011 年，共包含文献数量 3 710 篇，共包含引用内容 191 778 条，统计此期刊中引文发生在不同位置的分布如表 3-1 所示。

表 3-1　*BMC Bioinformatics* 期刊中引用内容位置分布

项目	章节分布								
	引言	背景	方法	数据	结果	应用	讨论	结论	其他
数量/条	3 220	106 257	9 748	7 120	5 954	2 673	6 147	2 562	48 097
比例/%	1.68	55.41	5.08	3.71	3.10	1.39	3.21	1.34	25.08

从表 3-1 中可以看出，背景章节中所包含的引用数量最多，达到 55.41%，说明人们在撰写论文时，参考文献的使用有一半以上是在背景章节中，而在引言、方法、数据、结果、应用、讨论和结论章节中所占比例相差不多，都比较小。在“其他”章节中分布着 25.08%的引文，说明人们在撰写论文时通常根据研究内容，自定义一些章节名称，而分布在这些章节中的引文数量也比较大，通过对这些章节中的章节名称进行调研发现，这些章节大部分属于方法、数据和应用章节。

3.2.2　引用内容与论文结构

施引者在撰写文章时，根据不同的使用目的而选择所要引用的文献，因此，引文出现在不同章节时，通过引用内容可以揭示不同的引用特征。通过对各个章节中的引用内容进行分析，总结出各个章节中所使用的引用内容的特点如表 3-2 所示，由于各个章节中的引用内容数量较多，本研究采用随机抽取各个章节中的引用句子进行分析的方法，所总结出的特点可能并不能表示各个章节中引用内容的全部特点，但从这些特点可以看出，施引者在各个章节中引用文献的目的具有明显差别。例如，在引言中引用他人论文时，通常是陈述别人的工作；在背景中引用时，除了陈述他人工作外，还会指出本文的研究特点；在方法中引用时，主要介绍施引文献本身所使用的方法等。

表 3-2　不同引用位置引用内容特点

章节	功能/特点	实例
引言	陈述总结别人的工作	In the last ten years there has been a great deal of research published on learning Bayesian networks from data [1,4]. In the last decade, many phasing algorithms have been suggested [1,7].
背景	陈述别人的工作； 介绍近期工作； 强调本文的研究特点	The dynamic programming approaches trace their lineage to the theoretical paper by Sankoff [4]. Recently, a lot of effort has gone into the development of Model Quality Assessment Programs (MQAPs)[12,14]. We extend previous work by[8,14-15] and employ tries[16] during training and testing.
方法	介绍方法功能及细节问题； 介绍本文所采用的方法	The non-linear differential equation must now be linearized about this periodic orbit[17]. We utilized a toolkit developed for analysis of gene expression data in GEO, DSGeo[13]. The harmonic balance method can be used [17].

续表

章节	功能/特点	实例
数据	本文所采用的数据集； 本文采用的数据处理方法或指标	Instead of the default matrices in BLAST and SSEARCH, we also tried other matrices and gap penalties, both made in a similar fashion to RIBOSUM85-60 and as suggested by others [65]. The probabilities of interactions between every pair of domains were inferred by maximum likelihood estimation method [49]. Given a representation of siRNAs as feature vectors, a linear ridge regression model was applied [35] to predict the novel siRNA efficacy from a set of siRNAs with known efficacy.
结果	本文结果与引文进行比较	The results are consistent with the biological knowledge that cell-cycle related genes are activated at different phases of the cell cycle [25]. We compare the results from the optimally regularized dual CCA and PCA+CCA to those obtained by fully regularized dual CCA, un-regularized dual CCA, a sparse CCA method [21] and separate PCA of each variable set.
应用	介绍他人研究中对本文中的方法的应用	Hidden Markov Model based domain searches (HMMer, version 2.3.2, [10]) are performed against the PFAM conserved domain database. Text mining is performed using a Perl implementation for stemming from Porter[14].
讨论和结论	总结本文使用的方法或数据； 描述相关方法或结论	We use the standard Expectation-Maximization (EM) algorithm to maximize this function [37]. The dataset used in this study was generated and first described by Mullighan et al [35]. Another loss function useful in classification is squared-hinge loss, which is equivalent to a least-squares support vector machine with a linear kernel [18].

从表 3-2 中得到的引用内容特征可以反映出施引者的动机，不同章节中施引者引用的动机并不相同，在每个引用句子中所使用的情感词汇也有较大差别。本书第 5 章中将对这些情感词进行详细分析，从内容情感角度对引用内容进行评价。

3.3 共被引位置分析

在对引用内容发生位置进行分析时，人们除了关注单篇引文的位置，还对两篇被引文献的相对位置比较关注，例如 Gipp 和 Beel[7]、Eto[8]、Callahan 等[9]都对共被引文献的相对位置进行了不同角度的分析。

本研究将以 22 本来自 BioMed Central（BMC）的开放存取期刊中文章全文作为研究对象，分别对共被引位置的分布特征、与传统共被引频次关系和共被引网络的关系展开研究。在进行共被引位置分析时，需要从数据库中抽取出各个参考文献的引用位置信息，而这些引用位置都可以通过第 2 章所设计的数据表获得。

3.3.1　共被引位置划分

根据共被引的两篇文章在施引文献中的位置，我们将其划分为四个共被引层次，分别是文章层次共被引、章节层次共被引、段落层次共被引和句子层次共被引。图 3-1 是一篇文章的结构示意图，一篇文章包含多个章节，每个章节包含多个段落，每个段落由多个句子构成，图中 *A*、*B*、*C*、*D*、*E*、*F* 分别表示出现在每个句子中的引文，如果引文出现在同一句子中，那么称这两篇引文的共被引是发生在句子层次上的共被引，如引文 *A* 与引文 *B* 的共被引关系即为句子层次共被引；如果两篇引文的共被引位置在同一段落但不在同一句子中，称这次共被引是发生在段落层次上的共被引，如引文 *A* 与引文 *C* 的共被引关系为段落层次共被引；如果两篇引文的共被引位置在同一章节，但不在同一段落中，称这次共被引是发生在章节层次上的共被引，如引文 *C* 与引文 *D* 的共被引关系即为章节层次共被引；如果两篇引文的共被引位置发生在不同章节中，称这次共被引是发生在文章层次上的共被引，如引文 *D* 与引文 *E* 的共被引关系即为文章层次共被引。

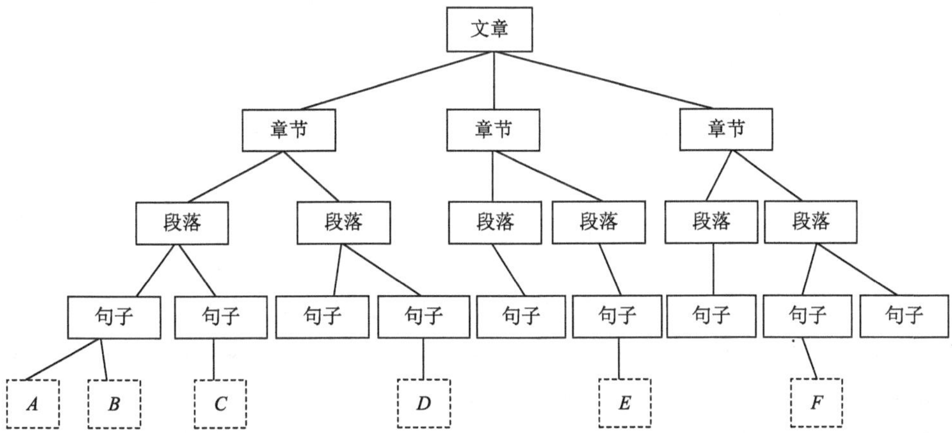

图 3-1　四个共被引层次位置划分

本书采用两种方式来定义共被引位置的距离远近，当比较不同共被引层次上的共被引距离时，句子层次上的共被引距离最近，段落层次共被引其次，再次为章节层次共被引，文章层次共被引距离最远；当比较同一共被引层次上的共被引距离时，采用共被引文献间相隔的句子数来表示共被引距离的远近。例如，在段落层次上共被引的两篇文献，一篇文献在文章中的位置是第 50 个句子，而另一篇文献在文章中的位置是第 90 个句子，那么它们的共被引距离就为 40，距离越小，说明它们在文章中的位置越近。在计算共被引位置时，如果两篇被引文献在同一篇文献中多次出现，那么在计算它们的共被引层次时，只考虑共被引距离最近的一次共被引。例如，两篇被引文献在同一篇文献中既有句子层次上的共被引，又有段落层次上的共被引，计算它们的共被引位置时，将其视为一次句子层次上的共被引。

笔者已于 2011 年针对三本 BMC 期刊做了一些共被引位置的研究[10]。选取的三本期刊分别是 *BMC Bioinformatics*、*BMC Systems Biology* 和 *BMC Biology*，四个层次的定义方法与本研究相同，分别是句子层次、段落层次、章节层次和文章层次。结果发现，在三本期刊中，共被引文献在四个层次上的分布非常相似。70%的共被引发生在文章层次，只有 2%～4%的共被引发生在句子层次。另一个重要发现是在期刊 *BMC Bioinformatics* 中，共被引频次和共被引位置间具有明显的关联，对于共被引频次高的共被引对，它们在句子层次上的共被引次数比例也比较高。

本书实验将期刊扩展到 22 本，采用相同的分析方法，希望可以从更多的数据中得到一些更可靠的结论。

3.3.2 共被引位置分布

在 3.1 节研究中，分析了引用位置在期刊 *BMC Bioinformatics* 中的分布特征，但并未对更多的期刊进行分析。在其他期刊中，各个章节中的引文分布可能有所不同，但各章节中的引文内容特点应该基本相同。在对共被引位置分布进行研究时，从两个方面研究其分布特征，一方面对不同期刊中共被引位置分布特点进行分析，另一方面对共被引在不同章节中的分布进行研究，希望可以从多个数据集中获得更精确的共被引位置分布特征。

1. 共被引位置在不同期刊中的分布

不同期刊出版物中，共被引发生在不同共被引层次的分布也可能不同，选取 22 本 BioMed Central（BMC）期刊作为测试数据。22 本期刊即 *BMC Neurol, BMC Pbulic Health, BMC Genet, BMC Med Res Methodol, BMC Infect Dis, BMC Cell Biol, BMC Biotechnol, BMC Immunol, BMC Cancer, BMC Neurosci, BMC Struct Biol, BMC Med Genet, BMC Mol Biol, BMC Microbiol, BMC Dev Biol, BMC Bioinformatics, BMC Genomics, BMC Plant Biol, BMC Med, BMC Syst Biol, BMC Evol Biol, BMC Biol*，时间范围为 2000—2011 年。以上期刊均在生物医学领域有着很高的影响力，其影响因子都大于 2。同时，在本研究选取的 22 本期刊中，刊载论文量都大于 300 篇，去除了小数据样本的影响。这些期刊都被 PubMed Central 全文数据库收录，可以从 PubMed Central 数据库中下载到全文数据。

表 3-3 是 22 本期刊中，共被引关系在各个共被引层次中的分布情况。由于各期刊内载文数量不同，它们的引文数据也不同，共被引对的总数量也会有差异，但从 22 本期刊中的共被引数据在四个层次的分布上可以看出，共被引位置越近，

分布的数据越少，句子层次共被引数量最少，文章层次的共被引数量最多。从 22 本期刊内共被引数据的平均分布值可以看出，文章层次上的共被引数量比其他三个层次上的共被引数据总和还要多，占据 70%以上的共被引数据。

表 3-3　22 本期刊中共被引位置分布

期刊	句子	段落	章节	文章	总计
BMC Neurol	10 365	21 554	55 581	194 464	281 964
BMC Pbulic Health	69 400	127 391	378 069	1 279 075	1 853 935
BMC Genet	16 506	38 799	88 690	330 382	474 377
BMC Med Res Methodol	11 050	14 854	34 820	186 302	247 026
BMC Infect Dis	28 955	63 885	156 460	430 366	679 666
BMC Cell Biol	16 802	46 479	112 462	342 446	518 189
BMC Biotechnol	12 856	30 271	68 818	230 302	342 247
BMC Immunol	10 054	29 626	74 387	222 928	336 995
BMC Cancer	58 720	153 657	420 034	1 104 611	1 737 022
BMC Neurosci	35 634	96 845	236 153	874 855	1 243 487
BMC Struct Biol	11 835	29 525	65 087	309 119	415 566
BMC Med Genet	17 859	43 623	98 280	353 936	513 698
BMC Mol Biol	19 475	51 068	119 915	391 515	581 973
BMC Microbiol	35 800	98 085	234 560	854 730	1 223 175
BMC Dev Biol	24 060	56 901	146 035	568 091	795 087
BMC Bioinformatics	94 755	163 527	407 235	1 694 083	2 359 600
BMC Genomics	105 539	263 979	636 878	3 177 687	4 184 083
BMC Plant Biol	21 107	52 736	137 352	562 106	773 301
BMC Med	16 134	25 038	52 941	265 449	359 562
BMC Syst Biol	15 280	42 000	86 619	442 258	586 157
BMC Evol Biol	74 371	178 547	442 743	2 065 353	2 761 014
BMC Biol	16 668	40 135	102 205	458 707	617 715
平均	32 874	75 842	188 878	742 671	1 040 265

为了更清楚地描述共被引层次的分布，图 3-2（扫二维码可查看彩图）采用百分比的方式来进一步描述共被引对在 22 本期刊中分布的差异。

图 3-2 中期刊从左至右按影响因子排序，期刊影响因子逐渐增加，从结果中并没有发现这种共被引分布关系和影响因子有直接关联。在这些期刊中，发生在句子层次上的共被引和段落层次上的共被引分布非常相近，但章节层次共被引和文章层次共被引的比例存在一些异质性。在所有期刊的文章层次共被引中，最高比例发生在期刊 *BMC Genomics* 中，达到 75.95%；最低比例发生在期刊 *BMC Infect Dis* 中，比例为 63.32%。在章节层次中，最高比例的期刊是 *BMC Cancer*，比例值

达到 24.28%；最低比例的期刊是 *BMC Med*，比例为 14.72%。图 3-2 显示，发生在句子层次中的共被引比例为 2%～4%，段落层次共被引比例为 6%～10%，15%～24%的共被引发生在章节层次，63%以上的共被引发生在文章层次中。在 22 本期刊中，四个层次共被引分布的平均比例分别为 3.16%、7.29%、18.16%和 71.39%，各个期刊中的分布比例都与这个平均值比较接近。这个结果说明，在传统的共被引分析中 4，更倾向于文章层次的共被引分析，而句子层次和段落层次的共被引可能被文章层次的共被引所覆盖。虽然这些结果是根据这 22 本期刊数据的分析得来的，但这种共被引层次模式应该在更广泛的数据中也存在。下一步需要研究的问题是在这种不均匀分布中，距离远近的共被引模式所反映的内容是否相同。

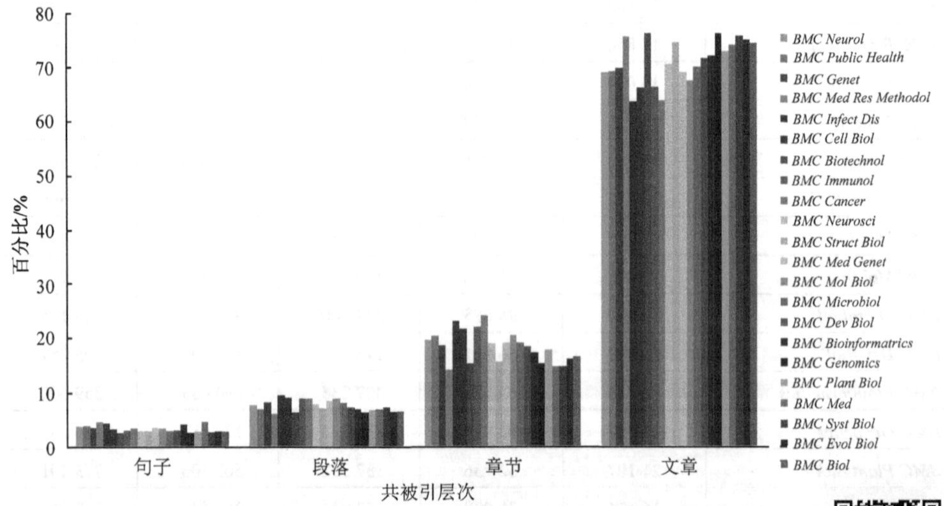

图 3-2　22 本期刊中共被引位置分布比例

彩图 3-2

2. 共被引在不同章节中的分布

根据引文位置分布特征可知，引用内容在文章中的章节分布并不相同，因此，同章节中发生的共被引数量也必然不同。下面以 *BMC Bioinformatics* 期刊为例，计算共被引在不同章节中的分布特征。

在具体计算过程中，各个章节中的共被引次数与各个章节中出现的参考文献次数有关。假设一篇文章中，某一章节中有 N 篇参考文献，那么这 N 篇参考文献间将发生 $N(N-1)/2$ 次共被引关系，而具体这些共被引关系在这一章节中是如何分布的，是同句子共被引还是同段落共被引，抑或是同章节共被引，我们只能通过数据分析来得到这些信息。从引文位置分布规律来看，分布在背景章节中的引文要明显多于其他章节。另外，按照人们通常的写作习惯，在引言和背景章节中会有较多的句子层次共被引，因为这两个章节中多数是综述性文章，人们习惯将相近的文章放在一起引用，而在其他章节中，句子共被引应该较少。

表 3-4 是共被引在不同章节中的分布以及在各章节中的具体层次分布。共被引发生最多的是在背景章节，因为在背景章节中分布的引文数据量较多。最少的是应用章节，其次是引言章节。分布在“其他”章节中的数据比较多，占总数据量的 18.9%，但此共被引比例要比引文在此章节中的比例小，说明数据集中各篇文献在此章节中所占的数量比例相对均匀。

表 3-4　共被引关系在 *BMC Bioinformatics* 不同章节分布

项目	不同章节								
	引言	背景	方法	数据	结果	应用	讨论	结论	其他
句子	905	52 983	4 554	3 464	2 529	1 312	3 279	2 416	23 313
段落	1 322	100 593	6 416	5 493	3 799	1 751	5 572	3 004	35 577
章节	4 339	288 028	12 213	9 268	7 637	3 058	11 813	3 727	67 152
合计	6 566	441 604	23 183	18 225	13 965	6 121	20 664	9 147	126 042

图 3-3 展示了共被引发生在不同章节中时，各个共被引层次的分布情况。在背景章节中，句子层次的共被引比例要比段落层次和章节层次小，但在方法、数据、结果、应用、讨论和结论中，句子层次共被引占的比例要比其他两个层次共被引比例大。在“其他”章节中，句子层次的共被引比例要明显大于段落层次和章节层次，“其他”章节中通常是一些研究方法和实验的介绍，在“其他”章节中引用的文献也是与施引文献关联比较紧密的文献，所以在这个章节中的共被引文献通常也是比较重要的文献。

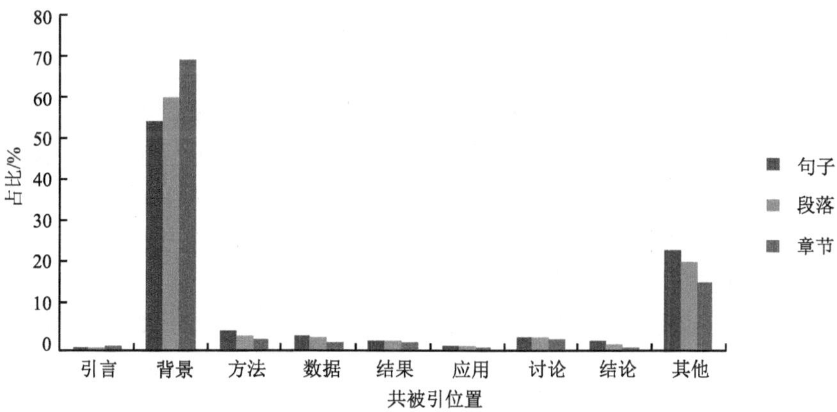

图 3-3　共被引位置在不同章节中的分布

3.3.3　共被引位置与共被引频次关系

在传统的共被引分析中，共被引频次通常作为一个重要指标来表征共被引文献间的关系，共被引频次越高，共被引文献间的关系越紧密。根据共被引位置分布可知，不同共被引层次上的共被引关系分布比例差别较大，通常人们认为共被引关系紧密的句子层次共被引所占比例很小。本研究假设共被引频次与共被引位置分布具有一定相关性，在高共被引对之间的共被引关系中，包含的句子层次共被引相对较多。本书在早期研究中采用 *BMC Bioinformatics* 期刊对上述假设进行了验证，结果发现共被引频次与共被引位置分布有一定关联，当频次较小时，它们大部分分布在文章层次中，随着频次的增加，它们在句子层次上的共被引比例也逐渐增加[10]。本研究为了进一步验证这种规律的准确性，新增加两本期刊作为数据基础，分别是 *BMC Genomics* 和 *BMC Cancer*。另外，还将 22 本 BMC 期刊作为一个整体数据集来验证共被引频次与共被引位置之间的关系。具体研究流程包括以下三个步骤：首先，计算数据集中参考文献的共被引频次并排序；其次，按照共被引频次大小，分别对共被引对中的共被引关系进行共被引层次划分；最后，分析共被引频次与共被引位置的关系。

在具体研究中，首先，将共被引文献按照共被引频次划分为多个数据集，如共被引频次为 N 次的共被引文献有 M 对，这 M 对共被引文献就构成一个小的数据集。其次，将这些小的数据集划分为四组，划分依据为每个数据集中的共被引对数量。最后，按照 H 指数方法[11]将数据集划分为两组，分别为高共被引数据组和低共被引数据组。对于高共被引和低共被引的划分可以使用很多方法，如通过平均值或中位数方法进行划分，此处选择的 H 指数方法是科学计量学研究中常用的数据集划分方法，它可以很容易地将一组数据划分为两部分[12]。H 指数方法最初的设计目的是计量科学家或科学组织发表论文的产出率和影响力。它的计算是基于科学家发表论文的数量和这些论文的被引频次，在科学家发表的所有论文中，当有 h 篇论文的被引频次达到至少 h 次时，他的 H 指数值就为 h。本研究中将用 H 指数方法来划分数据集中的高共被引数据和低共被引数据。当有 h 个共被引对的共被引频次都达到至少 h 次时，我们称 h 为这个共被引数据集的共被引 h 指数。按照这种方法数据集被划分为两组：一组包含的共被引对的共被引频次小于 h 次，另一组包含的共被引对的共被引频次大于等于 h 次。

表 3-5 列出的是共被引位置在不同共被引频次中的分布，数据来源于 *BMC Bioinformatics* 期刊。从表 3-5 中可以看出，90%以上的共被引对只发生了一次共被引，随着共被引频次增加，共被引关系越来越少。在此数据集中，共被引频次最高为 54 次，并且只有一对共被引文献达到此共被引频次。当共被引频次为 1 时，各个层次上分布的共被引关系数量从少到多依次为句子层次共被引、段落

层次共被引、章节层次共被引和文章层次共被引。当共被引频次大于 1 并且小于 20 时，共被引关系在句子层次、段落层次和章节层次中分布的数量相差不多，主要的共被引关系仍然集中在文章层次。当共被引频次大于 20 时，共被引关系主要分布在句子层次和文章层次，而段落层次和章节层次数量相对较少。

表 3-5 共被引频次与共被引位置关系

频次	1	2	3	4	5	6	7	8	9	10	11	12	13	14	15	16	17	18
句子	77 506	9 029	3 223	1 643	893	513	384	291	229	136	99	59	72	96	52	74	68	28
段落	144 552	11 429	3 368	1 533	787	528	330	240	149	114	78	51	53	55	38	24	25	16
章节	376 686	19 970	5 190	2 176	1 116	666	427	232	159	153	61	85	34	39	36	29	21	19
文章	1 597 643	63 882	15 492	7 268	3 179	1 971	1 176	757	588	437	257	189	179	146	99	129	107	45
总计	2 196 387	104 310	27 273	12 620	5 975	3 678	2 317	1 520	1 125	840	495	384	338	336	225	256	221	108
频次	19	20	21	22	23	24	25	26	29	30	31	37	40	43	48	50	54	
句子	37	40	20	32	13	24	0	27	41	1	10	4	14	7	28	30	32	
段落	23	21	11	6	15	4	3	7	7	11	9	16	9	6	2	4	3	
章节	18	17	11	6	20	4	15	2	2	5	11	12	4	5	2	2	0	
文章	93	62	21	44	44	16	32	16	37	13	32	42	13	25	16	14	19	
总计	171	140	63	88	92	48	50	52	87	30	62	74	40	43	48	50	54	

由于不同共被引频次条件下所包含的共被引关系数量不同，各个层次上的共被引关系次数在不同共被引频次情况下分布数量有较大差距。例如，在共被引频次为 1 的共被引对中，分布在句子层次的共被引关系数为 77 506 次，而在共被引频次为 54 的共被引对中，分布在句子层次的共被引关系数仅为 32 次，无法对其进行比较。因此，采用不同共被引频次情况下，各层次共被引分布比例的方式来重新展示各层次的分布规律（图 3-4）。

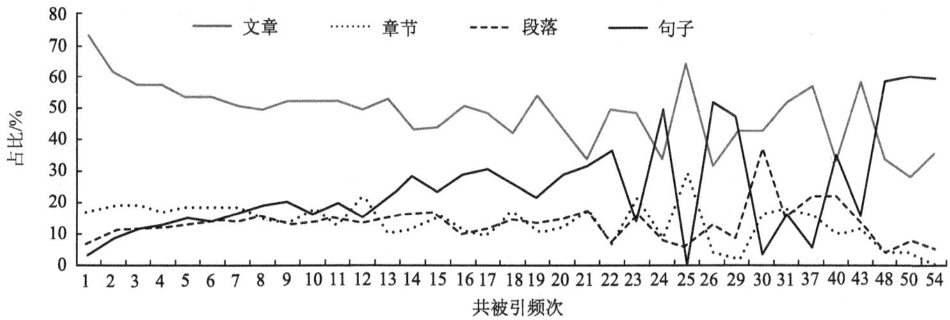

图 3-4 *BMC Bioinformatics* 期刊中不同共被引频次下四个层次共被引关系分布

图 3-4 中的横轴是共被引频次，纵轴是不同共被引频次条件下，各个共被引层次中分布的共被引关系比例。当共被引频次为 1 次时，大部分的共被引发生在

文章层次，占所有共被引频次比例的 73%，其次是章节层次共被引，共被引数量占 17%。分布在段落层次和句子层次的数量较少，所占比例分别为 6.5%和 3.5%。

图 3-4 中可以看出三个明显的趋势。第一，随着共被引频次的增加，分布在句子层次上的共被引比例越来越大，共被引频次小于 4 时，句子层次共被引比例最小，但当共被引频次大于 13 次时，句子层次共被引比例基本超过了段落层次和章节层次的共被引比例；当共被引频次达到 30 次以上时，句子层次上的共被引比例达到 30%以上。第二，随着句子层次所占的比例越来越大，分布在文章层次上的共被引比例变得越来越小，但文章层次上的共被引比例在大部分情况下，仍然是四个层次中占据比例最高的。第三，分布在段落层次和章节层次上的共被引比例并没有随着共被引频次的变化而变化，在不同共被引频次中，它们的比例基本在 10%到 20%之间变化，但当共被引频次达到很高时，它们所占的比例有所下降，当共被引频次超过 43 时，段落层次和章节层次中的比例都下降到 10%以下。

虽然图 3-4 中的变化趋势比较明显，但图中仍然有些点没有服从这个趋势，当共被引频次等于 25 次时，句子层次上的共被引关系所占比例为 0，文章层次共被引所占比例为 64%。下面是共被引频次为 25 次时的两个共被引对：

(a) ALTSCHUL SF，1997，NUCLEIC ACIDS RES，V25，P3389 and KABSCH W，1983，BIOPOLYMERS，V22，P2577

(b) BERMAN HM，2000，NUCLEIC ACIDS RES，V28，P235 and KABSCH W，1983，BIOPOLYMERS，V22，P2577

文章“KABSCH W，1983，BIOPOLYMERS，V22，P2577”同时出现在这两对共被引中。这篇文章中介绍的 DSSP 程序经常被人们引用，该程序的主要功能是用于计算蛋白质二级结构。文章“ALTSCHUL SF，1997，NUCLEIC ACIDS RES，V25，P3389”是在 *BMC Bioinformatics* 期刊中被引频次最高的一篇论文，总计被引 274 次，这篇文章中的 PSI-BLAST 工具被广泛应用于查询蛋白质序列相似性。这两篇文章在研究蛋白质结构的论文中经常被一起引用，但是大部分的引用出现在不同的章节中，它们之间的平均句子距离大约为 55 个。虽然它们有很高的共被引频次，但它们之间的关系并没有那么紧密。所以，共被引关系不仅与共被引频次有关，而且与共被引位置有关系。

上述分析都是基于 *BMC Bioinformatics* 期刊的研究，为了进一步探索共被引频次与共被引位置的关系，在 *BMC Genomics* 和 *BMC Cancer* 这两本期刊中做了相同的测试，测试结果分别如图 3-5 和图 3-6 所示。在期刊 *BMC Genomics* 中，当共被引频次小于 18 次时，共被引位置的分布与期刊 *BMC Bioinformatics* 很相似，但当共被引频次大于 18 次时，共被引在四个层次中的分布变得没有规律，主要原因是高共被引对数量较少，很难形成趋势图。在期刊 *BMC Cancer* 中的共被引频次要低于其他两种期刊，在 *BMC Cancer* 中，最高共被引频次是 12 次，但是这本期刊中的共被引位置分布与 *BMC Bioinformatics* 期刊非常相似。

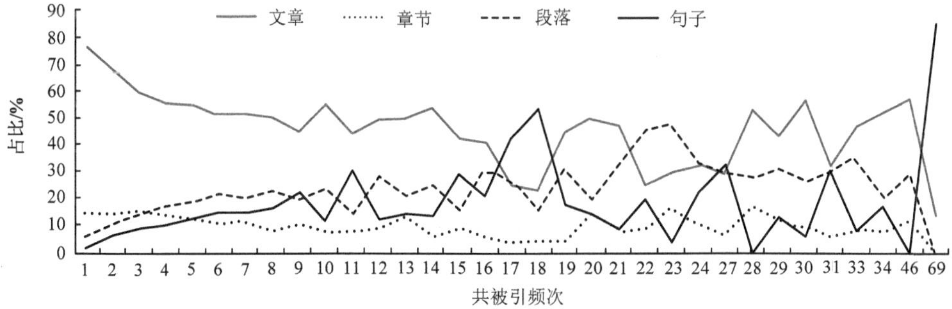

图 3-5　*BMC Genomics* 期刊中不同共被引频次下四个层次共被引关系分布

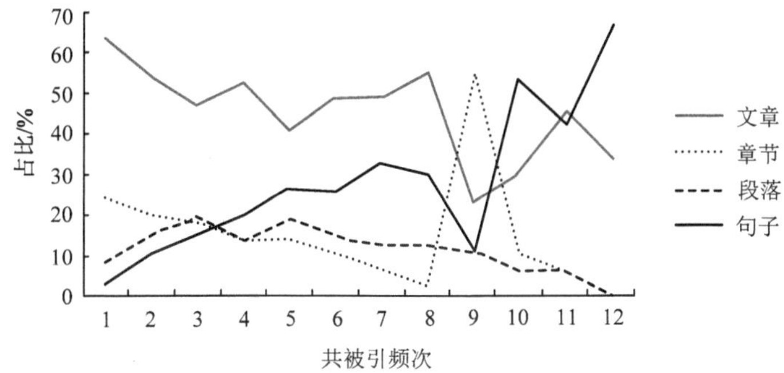

图 3-6　*BMC Cancer* 期刊中不同共被引频次下四个层次共被引关系分布

由于不同被引频次情况下，共被引对数量分布不均匀，故采用另一种结果描述方法来对三本期刊中的共被引位置分布进行研究。根据不同共被引频次下共被引对的数量，将共被引频次划分为四组。图 3-7（a）是期刊 *BMC Bioinformatics* 中共被引频次与共被引对数量的关系，大部分的共被引对都是被引用 1 次，无法直接依据共被引对数量进行分组。因此，将数据进行对数转换，图 3-7（b）是对数转换后的结果，可以看出，转换后不同共被引频次间共被引对数量的差距明显缩小了。

依据每个共被引频次中包含的共被引对数量的对数值，将数据集划分为四组，每组数据集中包含大约 25%的共被引对。三本期刊的划分结果分别如图 3-8（a）～（c）所示，期刊 *BMC Bioinformatics* 的划分结果为 1～2、3～6、7～12、13～54；期刊 *BMC Genomics* 的划分结果为 1～2、3～5、6～10、11～69；期刊 *BMC Cancer* 的划分结果为 1、2、3～4、5～12。

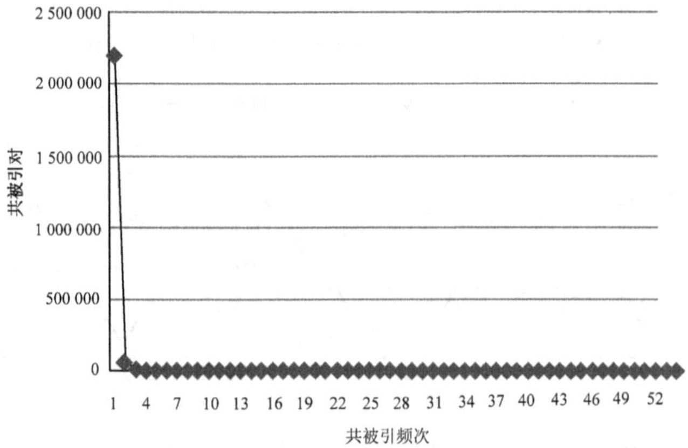

（a）对数转换前

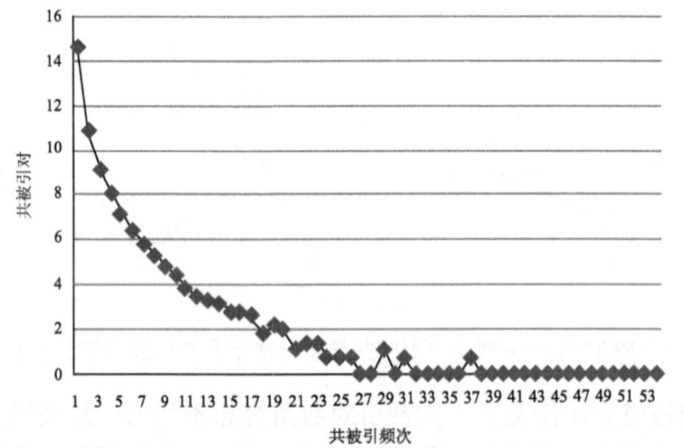

（b）对数转换后

图 3-7　共被引对与共被引频次关系

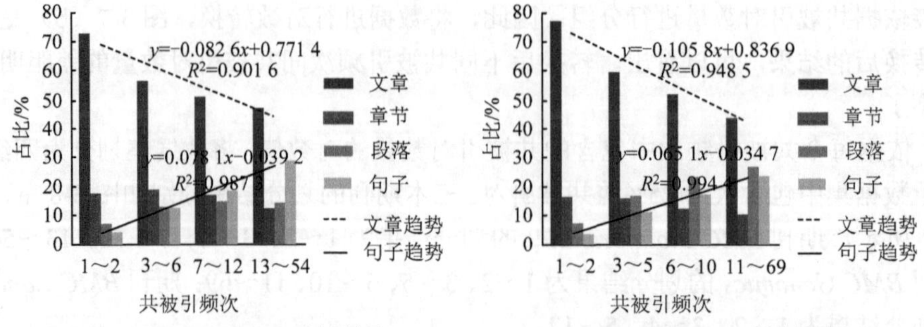

（a）*BMC Bioinformatics*划分结果　　（b）*BMC Genomics*划分结果

图 3-8　四组共被引频次下的共被引位置分布

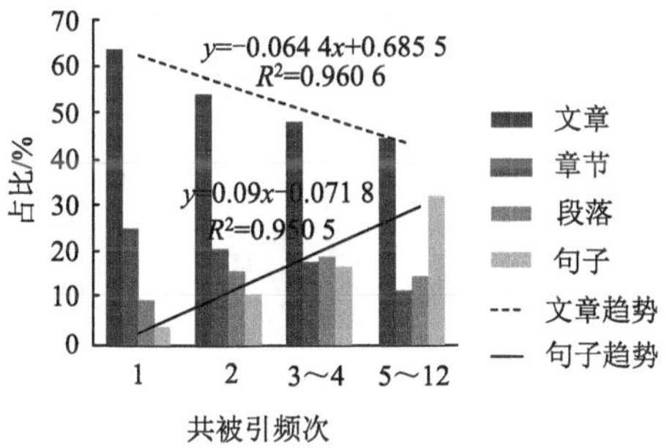

（c）*BMC Cancer*划分结果

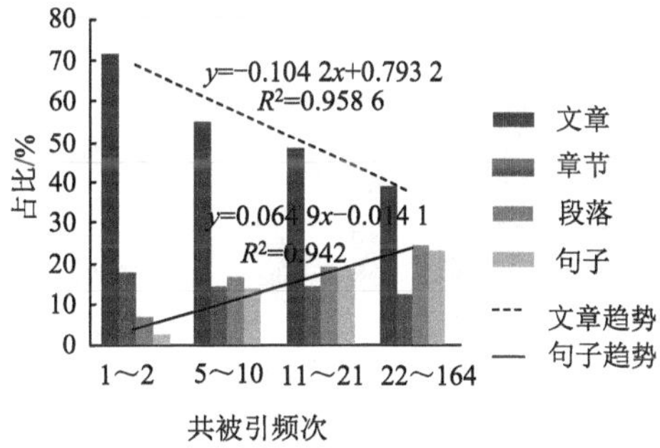

（d）22本期刊的划分结果

图 3-8（续）

从三本期刊的分布结果可以看出，随着共被引频次从低到高变化，文章层次上的共被引比例逐渐下降，而句子层次的共被引比例变得越来越高。我们在对 22 本 BMC 期刊进行整体分析时，也得到了相同的趋势结果[图 3-8（d）]。在每个图中都有两条趋势线：一条是句子层次比例变化趋势线，另一条是文章层次比例变化趋势线。这些趋势线与数据分布拟合很好，拟合值高于 0.9。虽然章节层次的共被引与文章层次的共被引具有相同的变化趋势，但在高被引组中，章节层次的共被引所占比例最小，而文章层次的共被引无论在哪个被引数据组中，都占据最高的比例。

这些结果表明，在传统共被引分析中，如果采用较低的共被引阈值，那么共被引结果中可能倾向于文章层次的共被引分析，只有当共被引阈值较大时，才能将句子层次共被引主题突显出来。

图 3-9 显示的是期刊 *BMC Bioinformatics* 和 *BMC Genomics* 中，共被引位置在高共被引和低共被引条件下的分布情况。高共被引与低共被引的划分是通过共被引 h 指数划分的，两本期刊的共被引 h 指数分别为 23 和 21。在期刊 *BMC Bioinformatics* 中，高共被引组包含 13 个数据集，低共被引组包含 22 个数据集。如果采用平均值或中位数的方法对数据进行划分，则高共被引组包含 20 或 18 个数据集，低共被引组包含 15 个或 17 个数据集。在 *BMC Genomics* 期刊中，高共被引组包含 13 个数据集，低共被引组包含 20 个数据集。两本期刊中得到的分布结果有些差别，低共被引组中，两本期刊中共被引位置的分布结果非常相似，都是文章层次比例最高、章节层次其次、段落层次第三、句子层次最少。但在高共被引组中，*BMC Bioinformatics* 期刊中文章层次共被引和句子层次共被引占据主要比例，而 *BMC Genomics* 期刊中，除了文章层次共被引和句子层次共被引占据主要比例外，段落层次共被引也占据了较大比例。在两本期刊中，共被引位置在两组数据中的分布变化趋势是相同的，文章和章节层次的共被引比例逐渐变小，句子和段落层次的共被引比例逐渐变大。

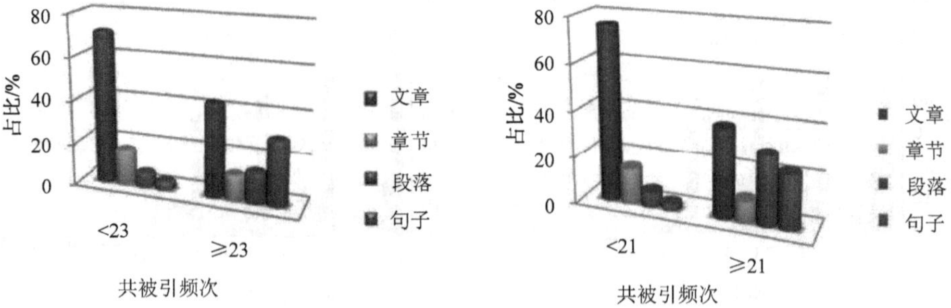

（a）*BMC Bioinformatics*　　（b）*BMC Genomics*

图 3-9　高共被引和低共被引频次下的共被引层次分布

3.4　共被引层次网络分析

Small 在 1973 年提出共被引网络后，很多社会网络分析方法和可视化分析方法都被应用在共被引网络分析中。通过分析共被引网络，可以揭示学科领域内的知识结构演化，同时也可以探测领域的研究前沿[13]。目前，对共被引网络分析的软件较多，如社会网络分析软件 Pajek 和 Ucinet，以及可视化分析软件 CiteSpace II。

本书将研究各个层次上共被引文献所构成的网络结构特点，并与传统的共被引网络进行比较分析，数据样本是 *BMC Bioinformatics* 期刊。共被引网络分析采用 CiteSpace II软件来实现。首先，基于 *BMC Bioinformatics* 期刊中的所有引文构建一个传统的共被引网络，并将这个网络作为一个基础网络。其次，分别对各个层次上的共被引文献构建共被引网络，并且将四个层次的共被引网络置于基础网络上。最后，对四个层次的共被引网络与传统共被引网络进行比较，揭示各个层次的共被引网络所具有的特点。由于共被引数据量较大，需要通过设定共被引阈值来对共被引网络进行可视化，在传统共被引网络可视化中，可视化网络只显示共被引频次大于等于 4 的共被引对。各个层次共被引网络将选择共被引频次大于等于 3 的共被引对进行可视化。由于对各个层次上的共被引阈值限定，它们将生成四个基础网络的子网络。在文章层次上的共被引对数量较多，它们构成的共被引网络会覆盖大部分的基础网络，其他几个层次的共被引对数据较少，它们只能覆盖一小部分的基础网络，但这一小部分可能是网络中较为重要的部分。

图 3-10 是一个基于 *BMC Bioinformatics* 期刊的传统共被引网络和四个共被引层次网络图，四个共被引层次网络图叠加在传统共被引网络图之上，用深色来表示。传统的共被引网络中没有划分时间年限，将所有数据放在一起构成共被引网络，阈值采用（*c*,cc,ccv）设定方法，*c* 表示被引频次，cc 表示共被引频次，ccv

表示共被引相似系数。本研究中的具体阈值设定为（4,4,0.15），即选择被引频次大于 4 且共被引频次大于 4 的节点来构建共被引网络，并且节点间的相似系数要大于 0.15。根据阈值的设定，得到的共被引网络包括 977 篇参考文献和 4 731 条共被引连线[图 3-10（a）]。句子层次共被引包含 267 条边[图 3-10（b）]，段落层次共被引包含 83 条边[图 3-10（c）]，章节层次共被引包含 126 条边[图 3-10（d）]，文章层次共被引包含 1 825 条边[图 3-10（e）]。文章层次上的共被引网络所包含的信息要远多于其他三个共被引网络，它覆盖了传统共被引网络中 38.58%的信息。其他三个层次的共被引网络也构成了传统共被引网络的三个子网络，它们覆盖了传统共被引网络中的高密度区域。虽然句子层次共被引频次在所有共被引频次中所占比例只有 4%左右，但它却在传统共被引网络中覆盖了 5.64%的共被引连线，并且这些连线都是处于共被引网络的重要位置。与之形成鲜明对比的是，段落层次共被引和章节层次共被引只分别覆盖了传统共被引网络连线的 1.75%和 2.66%。

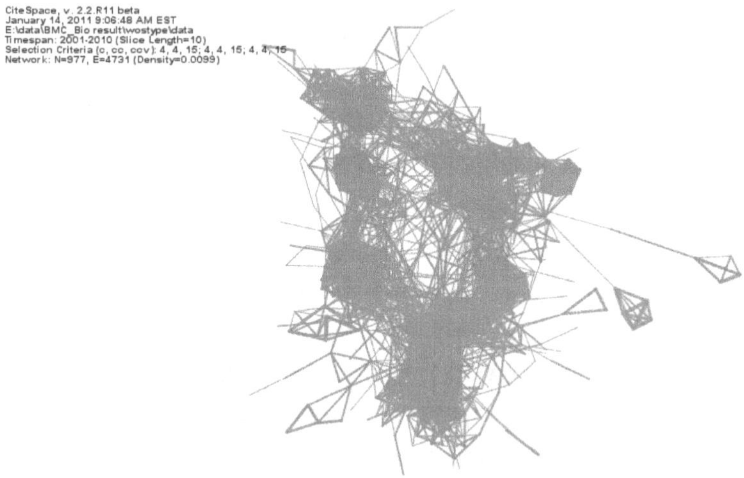

（a）传统共被引网络

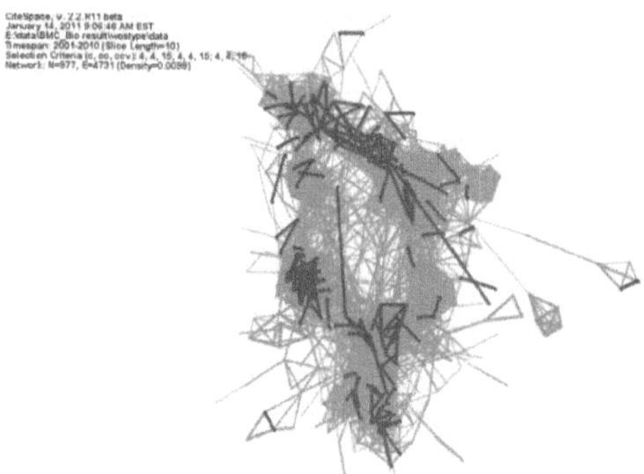

（b）句子层次共被引网络

（c）段落层次共被引网络

图 3-10　传统共被引网络和各层次共被引网络叠加图

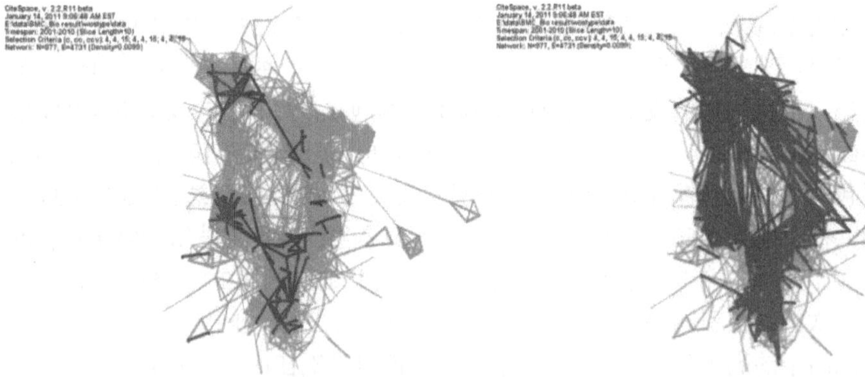

（d）章节层次共被引网络　　（e）文章层次共被引网络

图 3-10（续）

3.5　引用位置在共被引分析中的应用

传统的共被引研究没有考虑到共被引的两篇文献在施引文献中的位置，只要两篇文献共同被引用，其共被引关系将被等同对待。然而，共被引文献发生在施引文献的不同位置时，其关系强度也有所不同。在绝大多数的共被引分析应用中，人们通常只是单纯使用共被引的频次（即共被引的施引文献篇数）来表示共同被引证的两篇文献的共被引强度，没有考虑到共被引的两篇文献在施引文献中的位置关系。事实上，共被引发生在不同的位置层次，两篇文章的共被引关系是有差别的。发生在同一句子中的共被引关系通常要比发生在不同章节中的共被引关系更紧密些。本研究根据共被引的两篇文献在施引文献中的位置，将共被引关系划分四个层次，分别是句子层次共被引、段落层次共被引、章节层次共被引和文章层次共被引。将不同层次的共被引关系相应地设置不同的权重，再对文献进行共被引聚类，有助于增强聚类内部被引文献间的相关性，有效挖掘聚类主题。本研究从引用内容的文本本身出发，提出一种基于引用内容相似度的计算方法，对不同层次的共被引关系进行权重赋值，进而提升聚类效果。

3.5.1　共被引位置层次与权重赋值

如前文所述，在不同位置层次的共被引，共同被引用的文献间的关系程度是不同的。进行共被引分析时，考虑共被引发生的位置层次，可以更精确地揭示共被引关系。许多学者研究发现，不同位置层次的共被引关系会给共被引分析及检索结果带来一定的影响[7-9,14-15]。采集和计算共被引的位置信息时，首先需要对文献共被引的位置层次进行划分。作者在之前的研究中已发现句子层次上的共被引在共被引网络中占据重要地位，主要分布于传统共被引聚类的核心位置[15]。

由于发生在不同位置层次的共被引的两篇文献关系紧密度不同，因而在计算共被引强度时，需要对不同的位置层次赋予不同的权重，这也是位置层次划分的主要目的。本书已经在引用位置相关研究中介绍了学者们对共被引位置赋值的研究，虽然不同研究者的共被引权重赋值方法不同，但结果都验证了这种赋值方法的有效性。不过，人们很难判断哪种赋值方法更准确、合理。因为他们均认为距离近的共被引文献与原文中的引用主题更接近，因而赋值的基本原则都是赋予距离近的共被引关系较高的权重，而具体的权重值也常是主观经验赋值。事实上，距离更近共被引关系强度更高，确实是我们的常识理解，也符合文章撰写及其语义结构的现实情况。但是不同领域中，共被引位置对共被引强度的影响是有差别的。更重要的是，通过主观判断对共被引进行权重赋值，缺少合理依据，方法不够准确。对此，本书提出一种基于引用内容相似度的共被引权重赋值方法。

作者在实施引用行为时，通常会对被引文献的内容进行简单扼要的概述，而这些来自施引文献的内容概况是对被引文献原始文本内容很好的扩展，常常包含原文所没有的信息和特征项[16]，因而可以通过引用内容的主题和语义分析来揭示被引文章的属性和功能[17]，挖掘引文内在的本质。引文内容也被应用于共被引的研究中，有的学者直接利用引用内容挖掘来分析施引文献共同引用了哪些主题[18-19]。

从已有的研究文献来看，引用内容和引用位置通常是分开研究的，更是很少有人将这两方面相结合，进行文献共被引的研究。然而，引用发生的位置与引用的具体内容之间必然存在一定的关系，如发生在同一句子中的共被引，它们的引用内容相关性通常会比发生在同一章节中的共被引内容相关性大。本书从一篇引文的上下文即该引文标识于施引文献中所在的句子入手，通过主题词的抽取和内容相似度的计算，对发生在不同位置的共被引赋予权重，同时也探查被引文献共被引的位置与引用的具体内容间的关联性。

在计算引用内容相似度时，传统的文本相似度计算方法通常采用向量空间模型来实现。由于本研究将引用内容定义为包含参考文献标识的一个句子，而每个句子中的主题词比较少，并且存在较多句子间没有相关性的情况，因而本研究不太适合采用向量空间模型方法，只能通过主题词的相似性来判定句子的相似性。计算内容相似度，首先需要从全文层面构建目标数据集，抽取合适的主题词。具体来说，先利用斯坦福大学开发的词性标注系统对引用内容进行词性标注处理，然后抽取所有的名词作为主题词备选集。再对这些主题词进行词干化。利用 Porter Stemming 软件对主题词集进行词干化、合并主题词集，并删除主题词集中的停用词，如一些常见词“data”“method”“analysis”等。

在抽取有实际意义的主题词并构建出新的主题词集后，如果两句话中含有相同的主题词，则将这两句话视为相似；如果两句话中不包含相同的主题词，则将

这两句话视为不相似，用公式表示为

$$\mathrm{Sim}(C_{\mathrm{A}},C_{\mathrm{B}})=\begin{cases}1, & C_{\mathrm{A}}\text{和 }C_{\mathrm{B}}\text{包含相同主题词}\\0, & C_{\mathrm{A}}\text{和 }C_{\mathrm{B}}\text{不包含相同主题词}\end{cases} \tag{3-1}$$

例如，以下三个句子是发生在同一篇文章中的“背景”章节中的三篇引文的引用内容，在计算它们之间的引用内容相似度时，句子（a）和句子（b）中都包含主题词 structure 和 sequence，因此根据公式（3-1）可知，它们之间的相似度为 1，而句子（a）和句子（c）之间并没有相同的主题词，它们之间的相似度为 0。同理，句子（b）和句子（c）之间的相似度也为 0。

(a) The main task of structural genomics is to combine available data on genes and gene products such as structure，sequence，function and chromosomal proximity in a meaningful way so as to procure biological insight

(b) Efforts to annotate function based on structure and sequence homology alone are complicated and more often than not lead to mis-annotations

(c) Seeking evolutionary justification for organization of data has been adopted by many databases

计算出两篇共被引文献引用内容的相似性后，还要考察在一个共被引层次中整体的相似情况，即计算出某一共被引层次上共被引对的平均相似度，假设在某一共被引层次上发生了 N 次共被引，其中有 M 次的共被引具有相似关系。那么发生在这个共被引层次上共被引对的平均相似度为 M/N。这就意味着如果两篇文献在这个层次上有一次共被引，那么他们具有相似性的概率为 M/N。本书也将采用各个层次中共被引内容的平均相似度来表示引用具体内容与共被引位置的关系，而这些共被引相似性概率即为各共被引位置层次上的权重。所有发生在句子层次上的共被引文献，由于其引用内容是同一个句子，因此其共被引的内容都是相似的，即在句子层次上的共被引内容相似度为 1。其他三个层次上的共被引内容相似度一般都会小于 1。

3.5.2 共被引权重设置的效果验证

由于人们通常采用共被引聚类方法来展示和分析共被引的结果，因而可以采用共被引聚类结果来验证共被引权重设置的有效性。共被引聚类结果通常有两方面的应用：一方面，揭示共被引文献间的内在联系，从而挖掘知识基础的学科结构；另一方面，通过共被引聚类中施引文献的标识词分析，揭示学科领域的研究前沿[13]。当对每个层次的共被引加入权重后，共被引文献间的关系强度将会发生改变，进而导致共被引聚类结果发生一些变化。这些变化可能会对共被引文献间的关系有一定影响，同时也会对揭示施引文献前沿产生一定影响。

1. 共被引文献相似度计算

为了比较赋权重后的共被引关系与传统共被引关系的差别，本研究采用层次聚类法，分别对赋值后的共被引关系和传统的共被引关系进行聚类。在进行共被引聚类之前，首先需要构建共被引相似矩阵，矩阵中的共被引文献相似性不仅与文献的共被引强度有关，还与共被引文献各自在数据集中的被引频次有关。在传统共被引聚类中，各个文献间的相似性计算公式为

$$\mathrm{Sim}(D_{\mathrm{A}},D_{\mathrm{B}})=\frac{\mathrm{Freq}_{\mathrm{AB}}}{\sqrt{\mathrm{Freq}_{\mathrm{A}}\times\mathrm{Freq}_{\mathrm{B}}}} \tag{3-2}$$

式中，$\mathrm{Freq}_{\mathrm{AB}}$ 为文献 A 和文献 B 的共被引频次；$\mathrm{Freq}_{\mathrm{A}}$ 为文献 A 在数据集中的总被引频次；$\mathrm{Freq}_{\mathrm{B}}$ 为文献 B 在数据集中的总被引频次。

当加入共被引关系权重后，共被引强度不再等于共被引频次，新的共被引强度计算方法如公式（3-3）。

$$\mathrm{Strength}(D_{\mathrm{A}},D_{\mathrm{B}})=\sum_{i=1}^{4}(\mathrm{Weight}(P_i)\times\mathrm{Freq}_{\mathrm{AB}}(P_i)) \tag{3-3}$$

式中，P_i 为发生在 i 层次上的共被引关系（i=1，句子层次；i=2，段落层次；i=3，章节层次；i=4，文章层次）。$\mathrm{Weight}(P_i)$ 为发生在 i 层次的共被引权重。$\mathrm{Freq}_{\mathrm{AB}}(P_i)$ 为文献 A 和文献 B 发生在层次 i 上的共被引次数。

式（3-3）所得到的共被引强度理论上要小于两篇文献的共被引频次，因为除了句子层次共被引，发生其他同层次共被引关系权重都小于 1。只有当各个层次上的共被引权重都为 1 时，共被引强度才等于两篇文献的共被引频次。加入权重后得到的共被引文献相似度计算公式为

$$\mathrm{Sim}(D_{\mathrm{A}},D_{\mathrm{B}})=\frac{\mathrm{Strength}(D_{\mathrm{A}},D_{\mathrm{B}})}{\sqrt{\mathrm{Freq}_{\mathrm{A}}\times\mathrm{Freq}_{\mathrm{B}}}} \tag{3-4}$$

2. 共被引聚类结果验证

加入共被引关系权重后，由于相似矩阵发生变化，得到的共被引聚类与传统的共被引聚类结果也会有些差别，会有一些文献被从一个聚类调整到另一个聚类中，从而导致各个聚类中所包含的结点也有一定的变化。图 3-11 列出了一个变化实例，传统聚类结果得到的两个聚类 A 和聚类 B 分别包含 5 个文献（编号 1～5）和 4 个文献（编号 6～9）。加入共被引权重后，文献“5”从聚类 A 中变换到聚类 B 中。这些变化会对传统聚类带来什么样的影响呢？本书主要通过两个角度来验证这种聚类的影响：一是通过共被引聚类中文献内容相关性来判定，二是通过聚类的施引文献变化来判定。

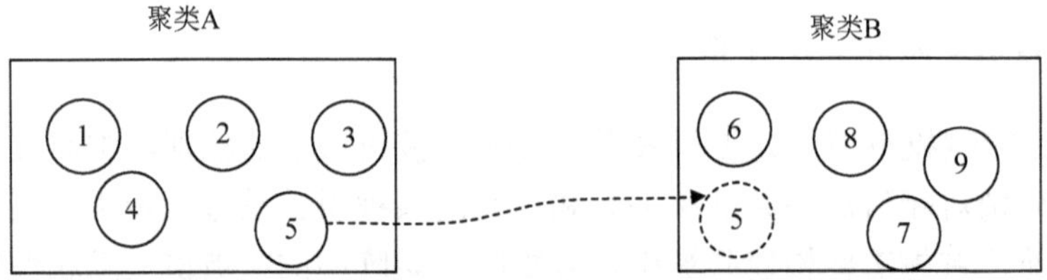

图 3-11　共被引权重设置后的共被引文献的聚类调整

（1）共被引文献内容相关性判定

Boyack 等[20]就是利用共被引文献内容相关性来比较聚类效果的，首先计算各个聚类中文献之间内容的相关性；其次计算加入共被引权重后，聚类增加或删除节点后，聚类中文献内容相关性的变化；最后比较传统聚类与加入共被引权重聚类后各个聚类中文献内容相关性的变化，进而验证加入共被引权重后共被引结果的变化。

本书比较聚类内容相关性的步骤如下（以图 3-11 为例）：

① 从聚类 A 和聚类 B 中包含的所有文献的摘要中抽取名词短语集合。

② 将聚类A和聚类B中包含的所有文献转换为名词短语向量模式Document：（$Word_1$,$Freq_1$），（$Word_2$,$Freq_2$）……

③ 计算加入权重后变化的文献“5”与聚类 A 和聚类 B 中各个文献的向量距离，文献“5”与聚类 A 和聚类 B 的相似度分别用它与聚类中文献的平均向量距离来表示。

④ 比较加入权重后的共被引聚类与传统聚类在共被引文献内容相似度上的差别。

（2）共被引聚类施引文献变化判定

加入共被引权重后，聚类结果发生变化时，各聚类的施引文献也会随之发生一些变化。这些施引文献通常用来表示各个聚类所揭示的研究前沿，可以通过追踪施引文献的变化来揭示聚类效果的变化。图 3-12 显示了当一篇引文加入某一共被引聚类后，该引文对施引文献集合的影响。C_1 表示共被引文献的聚类，S_1 是聚类 C_1 的施引文献集合。当一篇文献 R_1 加入聚类 C_1 中时，同时引用文献 R_1 和聚类 C_1 中的文献的施引文献构成一个新的施引文献集 S_2。集合 S_3 是集合 S_1 和集合 S_2 的交集。R_1 对聚类 C_1 的影响实际上就是增加了 S_3 集合中的文献的出现频次，使 S_3 中的施引文献主题更明确。当具体计算这个影响时，还需要考虑 S_3 中文献的原本引用频次。如果原本引用频次较高，说明 S_3 对整个施引文献集合 S_1 的贡献较大，那么 R_1 的加入会使 S_3 对 S_1 的贡献变得更突出。因此，R_1 对聚类 C_1 的影响可以通过 S_3 对 S_1 的影响来计算。在计算 S_3 对 S_1 影响时，仍然采用余弦相似度的方法。

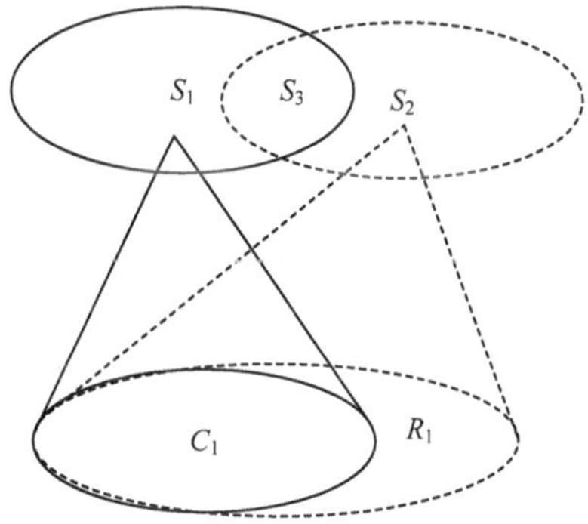

图 3-12　共被引权重设置后的施引文献的调整

3.5.3　共被引效果比较

本研究数据采用 PubMed Central 全文数据库，以 *BMC Bioinformatics*、*BMC Systems Biology* 和 *BMC Biology* 三本期刊全文数据为具体研究对象。三本期刊中的文献数量分别为 5 412、905 和 638，文献采集年份为 2001—2012 年，由于数据库中收录这三本期刊的起始年份不同，故所获得三本期刊的年份分别为 2001—2012 年、2007—2012 年和 2003—2012 年。作者在之前的研究[10]中发现，共被引位置的分布与共被引频次具有一定的关联性，当共被引频次较低时，共被引多发生在文章层次上，在句子层次上分布较少。为了获得更充分的训练数据集，本研究将在三本 BMC 期刊文献的参考文献中选取共被引频次大于等于 9 的共被引对作为研究对象，以便在共被引各个层次上都具有充足的数据样本，在此条件筛选下共获得 346 条参考文献作为最终分析对象。这些文献形成 680 个共被引对，在三本期刊的文章中共发生 6 786 次共被引。

本实证案例中，对每个层次的共被引对分别进行统计（表 3-6）。其中，分布在句子层次的有 2 131 次，分布在段落层次的有 1 146 次，分布在章节层次的有 1 150 次，分布在文章层次的有 2 359 次。四个层次中的共被引数量都大于 1 000，为共被引位置与引用内容关系研究提供了良好的数据基础。根据主题词的抽取和相同主题词的比较，测算出段落、章节和文章三个层次的引用内容具有相似性的共被引次数分别为 884、733 和 1 321，也进一步推算出在各个共被引层次上的引用内容平均相似度分别为 1.00、0.77、0.64 和 0.56，而这也是基于引用内容相似度的各层次的共被引权重。从结果中可以看出，共被引发生的位置越近，这些被引文献的被引内容越相似。同时，这些权重值与 Gipp 和 Beel[7]、Callahan 等[9]主观设置的权重值也有明显差别，这两项研究均主观认为发生在不同章节中的共被引对之间应该很少有联系，而将发生在文章层次上的共被引都赋予很小的权重值，如 1/4 或 1/8。但本研究发现，即使发生在文章层次上的共被引关系，被引内容相似性的概率也可以达到 56%。

表 3-6　四个层次相关共被引次数分布及层次平均相似度

项目	句子层次	段落层次	章节层次	文章层次
共被引次数	2 131	1 146	1 150	2 359
相关共被引次数	2 131	884	733	1 321
平均相似度	1.00	0.77	0.64	0.56

本实验选取的共被引频次大于等于 10 的共被引文献。层次聚类法所得到的聚类结果是树状聚类图。聚类数量由各聚类间的距离阈值来控制，阈值设置越小，聚类结果划分越详细，聚类数量也就越多，但每类中节点数量就会越少，导致聚类效果不明显。为达到比较明显的聚类效果，本研究选取较大阈值来划分聚类。聚类结果发现，加入共被引权重后的聚类结果与传统共被引聚类结果有比较明显的差异。

表 3-7 是参考文献“VON MERING C，2002，NATURE，V417，P399”在加入共被引权重前后所在聚类的变化情况。加入基于引用内容相似度的共被引权重后，该文献从之前的拥有 11 个节点的大聚类转变到拥有 3 个节点的小聚类中。这篇文献与传统共被引聚类中的文献间的平均相似度为 0.639 8，与加权后的聚类中节点间平均相似度为 0.725 8。同时，这篇文献对传统聚类的施引文献影响率为 62.1%，对加权后聚类的施引文献影响率为 86%。无论从被引文献内容相似性角度，还是从对施引文献影响角度，加入权重后的聚类结果都优于传统聚类结果。

表 3-7　文献“VON MERING C，2002，NATURE，V417，P399”加权前后共被引聚类变化

传统共被引聚类	加入权重后的共被引聚类
HO Y，2002，NATURE，V415，P180 UETZ P，2000，NATURE，V403，P623 GAVIN AC，2002，NATURE，V415，P141 ITO T，2001，PROC NATL ACAD SCI USA，V98，P4569 GIOT L，2003，SCIENCE，V302，P1727 RUAL JF，2005，NATURE，V437，P1173 STELZL U，2005，CELL，V122，P957 GAVIN AC，2006，NATURE，V440，P631 KROGAN NJ，2006，NATURE，V440，P637 LI S，2004，SCIENCE，V303，P540 VON MERING C，2002，NATURE，V417，P399	BADER JS，2004，NAT BIOTECHNOL，V22，P78 DEANE CM，2002，MOL CELL PROTEOMICS，V1，P349 VON MERING C，2002，NATURE，V417，P399

同样，表 3-8 列出的是参考文献“BOECKMANN B，2003，NUCLEIC ACIDS RES，V31，P365”在加权前后，所在聚类的变化。该文献从拥有 9 个节点的聚类中转移到拥有 7 个节点的聚类中；与传统聚类文献间的平均相似度为 0.219 4，与加权后聚类文献间的相似度提升到 0.482 4。该文献对传统聚类的施引文献影响率较低，为 16.3%；转移到加权的聚类后，施引文献影响率提高到 22.2%，虽然

影响率也不高，但与传统聚类相比，还是有提升。

通过这两个实例可以看出，加入共被引权重后，聚类效果要明显优于传统共被引聚类结果。

表 3-8　文献“BOECKMANN B，2003，NUCLEIC ACIDS RES，V31，P365”加权前后共被引聚类变化

传统共被引聚类	加入权重后的共被引聚类
ALTSCHUL SF，1990，J MOL BIOL，V215，P403 ALTSCHUL SF，1997，NUCLEIC ACIDS RES，V25，P3389 THOMPSON JD，1994，NUCLEIC ACIDS RES，V22，P4673 SMITH TF，1981，J MOL BIOL，V147，P195 NEEDLEMAN SB，1970，J MOL BIOL，V48，P443 HENIKOFF S，1992，PROC NATL ACAD SCI USA，V89，P10915 THOMPSON JD，1997，NUCLEIC ACIDS RES，V25，P4876 PEARSON WR，1988，PROC NATL ACAD SCI USA，V85，P2444 BOECKMANN B，2003，NUCLEIC ACIDS RES，V31，P365	BERMAN HM，2000，NUCLEIC ACIDS RES，V28，P235 WANG G，2003，BIOINFORMATICS，V19，P1589 BOGAN AA，1998，J MOL BIOL，V280，P1 OFRAN Y，2003，J MOL BIOL，V325，P377 GUEX N，1997，ELECTROPHORESIS，V18，P2714 LI W，2006，BIOINFORMATICS，V22，P1658 BOECKMANN B，2003，NUCLEIC ACIDS RES，V31，P365

参考文献

[1] VOOS H, DAGAEV K S. Are all citations equal? Or, Did We Op. Cit. Your Idem?[J]. Journal of Academic Librarianship, 1976,1(6): 19-21.

[2] 何荣利，魏洪善. 引文在论文中的分布和被引用内容的调查与分析[J]. 图书情报工作, 2000（2）: 26-29.

[3] SOMBATSOMPOP N, KOSITCHAIYONG A, MARKPIN T, et al. Scientific evaluations of citation quality of international research articles in the SCI database: Thailand case study[J]. Scientometrics, 2006,66(3): 521-535.

[4] DING Y, LIU X, GUO C, et al. The distribution of references across texts: Some implications for citation analysis[J]. Journal of Informetrics, 2013,7(3): 583-592.

[5] HALEVI G, MOED H F. The thematic and conceptual flow of disciplinary research: A citation context analysis of the journal of informetrics, 2007[J]. Journal of the American Society for Information Science and Technology, 2013,64(9): 1903-1913.

[6] ELKISS A, SHEN S, FADER A, et al. Blind men and elephants: What do citation summaries tell us about a research article?[J]. Journal of the American Society for Information Science and Technology, 2008,59(1): 51-62.

[7] GIPP B, BEEL J. Identifying related documents for research paper recommender by CPA and COA[C]//Proceedings of International Conference on Education and Information Technology. Berkeley: International Association of Engineers, 2009: 636-639.

[8] ETO M. Evaluations of context-based co-citation searching[J]. Scientometrics, 2013,94(2): 651-673.

[9] CALLAHAN A, HOCKEMA S, EYSENBACH G. Contextual cocitation: Augmenting cocitation analysis and its applications[J]. Journal of the American Society for Information Science and Technology, 2010,61(6): 1130-1143.

[10] LIU S, CHEN C. The effects of co-citation proximity on co-citation analysis[C]//Proceedings of ISSI. Durban: ISSI, 2011:474-484.

[11] HIRSCH J E. An index to quantify an individual's scientific research output[J]. Proceedings of the National Academy of Sciences of the United States of America, 2005,102(46): 16569-16572.

[12] CHEN C, ZHANG J, ZHU W, et al. Delineating the citation impact of scientific discoveries[C]//Proceedings of the 7th ACM/IEEE-CS Joint Conference on Digital Libraries. New York: ACM, 2007:19-28.

[13] CHEN C. CiteSpace Ⅱ: Detecting and visualizing emerging trends and transient patterns in scientific literature[J]. Journal of the American Society for Information Science and Technology, 2006,57(3): 359-376.

[14] WHITE H D, GRIFFITH B C. Author cocitation: A literature measure of intellectual structure[J]. Journal of the American Society for Information Science, 1981,32(3): 163-171.

[15] LIU S, CHEN C. The proximity of co-citation[J]. Scientometrics, 2012,91(2): 495-511.

[16] 吴夙慧，成颖，郑彦宁，等. 一种基于引用上下文和引文网络的相关反馈算法[J]. 情报学报，2012,31(10): 1052-1061.

[17] SIDDHARTHAN A, TEUFEL S. Whose idea was this, and why does it matter? attributing scientific work to citations[C]//Proceedings of NAACL/HLT-07. Rochester: Association for Computational Linguistics, 2007: 316-323.

[18] SMALL H. Co-citation context analysis: The relationship between bibliometric structure and knowledge[C]// Proceedings of the ASIS Annual Meeting. Medford: Information Today, 1979:270-275.

[19] SMALL H. Interpreting maps of science using citation context sentiments: A preliminary investigation[J]. Scientometrics, 2011,87(2): 373-388.

[20] BOYACK K W, SMALL H, KLAVANS R. Improving the accuracy of co-citation clustering using full text[J]. Journal of the American Society for Information Science and Technology, 2013,64(9):1759-1767.

第 4 章　引用内容主题分析及其在信息检索中的应用

本书创造性地将文本挖掘中的两种主题分析方法应用于引用内容的主题分析，一种是基于标签云的主题可视化方法，另一种是基于统计模型的 LDA 主题分析方法。两种方法具有各自的优缺点，本书重点使用 LDA 主题模型分析方法。

在研究引用内容主题特征时，从两方面展开研究：一是研究引用内容主题与引文主题的差别，通过此分析可以得出引用过程中知识继承的多少；二是研究引用内容主题与施引文献主题的差别，探索知识的交叉与应用。通过这两方面的分析，揭示引用内容的主题特点，研究中采用 LDA 主题模型分析方法来识别和比较一篇引文的施引文献摘要中的主题与引用内容中的主题。同时，本书还提出一种基于信息熵的概念含义广泛性-狭窄性比较的方法，用于比较施引文献中主题词与引用内容中的主题词差别。主题特征研究过程中，将选取八本具有较高影响因子的 BMC 期刊作为数据集，从前文中构建的数据库中抽取引用相关信息，包括引文相关的详细信息和文章的摘要信息。

基于引用内容主题分析方法，将引用内容主题分析应用于引文检索与推荐研究中，基于 PubMed Central 全文数据库，设计了一个基于引用内容的引文检索与推荐系统，此检索系统完全基于参考文献的引用内容信息，具有很好的引文检索与推荐效果，尤其在高被引文献和领域经典文献推荐方面，表现出精确的检索性能。

4.1　引用内容的文本分析相关研究

Small[1]将引用内容的研究划分为两种类型：一种是对引用内容进行分类研究或功能研究；另一种是通过语义分析，对引用内容本身进行分析，判断被引文献的特征。这两种类型的研究实际上都是对引用内容的文本内容展开研究。White[2]指出，引用内容研究的第一种类型需要通过人工判断和对隐藏在文本内容中的引用信息进行编码来实现，第二种类型的研究可以通过引用内容中的词或短语的分析来实现。

对于引用内容的文本内容研究，需要深入到文献全文，若要采用引用内容中的概念词来研究，需要通过人工选取概念词的方法来实现[3-7]。Small[8]在 1979 年指出，计算机不能完全识别出引用内容中使用的概念，无法实现完全自动的概念抽取，只能通过人工标注的方法来实现。随着自然语言处理技术的发展，可以通过抽取名词和名词短语的方法来实现引用内容的文本内容分析。

国内外对引用内容的文本内容分析主要围绕引用内容的语义、语境和概念词展开，对于语义和语境的研究主要是用于分析引用动机和引文分类，而对于概念词的研究主要用于研究引用内容的主题。

4.1.1 引用动机分析

科学文献的作者一般不会在论文中引证与其论述主题完全无关的文章，文献间的相互引证具有多方面原因，不同施引者对于同一篇文章的引用动机也可能不同。为此，引用内容一定与引用动机密切相关。Garfield[9]在 1964 年最早提出 15 种引用动机，包括对先驱者的尊重、赞扬相关工作、纠正他人工作、批评他人工作等。随后涌现出大量关于引用动机的研究，对于研究人员出于什么原因引用一篇文献这个问题，Small[1]、Garfield 和 Merton[10]、White[2]分别在信息科学、社会科学和语言学领域中对其进行了研究，Barid 和 Oppenheim[11]、Case 和 Higgins[12]、Di Marco 等[13]也从如何调查引用动机、如何对引用动机分类等不同角度对引用动机展开了讨论。

对于引用动机的研究主要通过两种方式：一种是直接与施引文献作者交流，通过调查访问方式获得引用动机[14-15]，另一种是通过引用内容来进行分析判断[10,16]。

Brooks[15]在 1985 年采用对施引文献作者进行调查访问的方式，将引用动机归纳为七种：①新颖性——只引用最新的资料，以彰显自己搜集资料的新颖程度；②负面证据——引用反面的证据批评、否定、反驳他人的作品；③操作型资讯——沿用其他研究者的研究方法、结果、参考工具等；④说服——引用文献说服他人；⑤正面评价——对于同领域的论文或相近的研究成果给予正面评价；⑥提醒——提醒读者注意背景资料、原始资料和最新资料；⑦社会认同——为了得到他人在学术上的认同而引用文献。Brooks 又将上述七类动机分成三组：①说服、正面评价、新颖性和社会认同；②负面证据；③提醒和操作型资讯。第一组的四个动机呈现了高度的相关性；第二组动机提供的是反面的资讯；第三组动机则是提供最新消息和背景。他在研究中发现，在引用动机中主要的动机是为论文提供说服力。Liu[17]在 1993 年根据 Brooks 的研究结果，绘制引用行为内在动机和外在因素在引用过程中的关系图，充分表现引用过程中复杂的影响因素。

虽然通过与施引文献作者交流的方式得到的引用动机比较准确，但所采集的数据样本有限。不同作者在引证过程中的引用动机差异较大，通常需要大量的数据样本才可以归纳出所有的引用动机，而在对大样本数据进行分析时，交流访问方式就有局限性。此时，通过引用内容的文本内容语义和语境分析，才能较为精确归纳出引用动机。Weinstock[18]通过对引用内容文本分析，对引用动机进行系统归纳后指出，文献被引证有以下 15 种原因：

① 对开拓者的尊重；

② 对有关著作的肯定；
③ 验证其所用的方法及仪器；
④ 提供背景材料；
⑤ 对自己的著作予以更正；
⑥ 对别人的著作予以更正；
⑦ 评价以前的著作；
⑧ 对自己的论点寻求充分的论证；
⑨ 提供研究者现有的著作；
⑩ 为未被传播、很少被引用或未被引证的文献提供向导；
⑪ 验证数据及物理常数等；
⑫ 核查原始资料中的某个观点或概念是否被讨论过；
⑬ 核查原始材料或其他著作中的起因人物的某个概念或名词；
⑭ 否定他人的著作或观点；
⑮ 对他人的优先权提出异议。

以上 15 种引证动机，对科学发展、文献交流来讲，属于正常动机，其引证行为构成真实科学过程和知识过程的一部分，由此产生的引证与被引证也必然会从各个角度反映出科学的进展。

从上述学者们的研究可以看出，他们采用不同方法、从不同角度归纳出各类引用动机，目的是通过引用动机分析，揭示引用行为规律。但从研究结果来看，人们只是对引用动机进行归纳分类，并未深入研究引用动机在引文分析中的作用和价值。一方面，在引用位置研究中，施引文献作者在文章不同位置引用文献时，引用动机差别较大，通过分析不同位置上的引用动机，可以深入揭示引用行为特征；另一方面，在引文评价研究中，每篇引文的被引用动机不同，它们的引用价值也不同，通过引用动机分析，可以获得施引作者在引用文献时的情感倾向性，进而对引文进行更准确的评价研究。

4.1.2　引用类型分析

引用内容包含施引文献与被引文献间的直接关联信息，可以直接用来揭示一篇引文的本质，人们可以通过引用句子的语义分析来揭示被引文献的属性和功能[19]，进而实现对引用内容的分类研究。Spiegel-Rösing[20]在 1977 年，通过人工采集 *Science Study* 期刊 1971—1974 年刊载文献中的引用内容信息，将引用内容划分为 13 类，各类内容如下：

① 引文作为施引文献的研究历史文献；
② 引文是施引文献研究的出发点；
③ 引文中含有施引文献中使用的概念或定义；

④ 引文中含有施引文献中使用的数据；
⑤ 引文中的数据用于和施引文献中数据进行比较分析；
⑥ 引文中含有施引文献中使用的图表、统计数据；
⑦ 引文中含有施引文献中使用的方法；
⑧ 引文证实了一个论述或假设；
⑨ 引文被给予肯定的评价；
⑩ 引文被给予否定的评价；
⑪ 施引文献的结果验证了引文中的结果；
⑫ 施引文献的结果与引文中的结果不同；
⑬ 施引文献的结果对引文中的结果给予新的解释。

Teufel 等[21]为了给文献管理提供充分的信息，对上述 13 类进行重新分类，将引用内容归纳为四大类：

① 陈述引文的缺陷；
② 施引文献与引文工作比较；
③ 施引文献赞同或使用引文中的工作；
④ 中性表述。

Teufel 等又根据各类中的不同引用细节，将四大类细分为 12 小类，各个小类如表 4-1 所示。

表 4-1　Teufel 等引用内容分类

类别	描述
(1) Weak	引文方法的缺陷
(2) CoCoGM	施引文献与引文在方法或目的中的比较
(2) CoCo-	施引文献工作要优于引文
(2) CoCoRo	施引文献与引文在结果中的比较
(2) CoCoXY	两篇引文中的方法比较
(3) PBas	引文作为施引文献的工作出发点
(3) PUse	施引文献使用引文中的工具、方法、定义、数据等
(3) PModi	施引文献改进了引文中的方法、工具等
(3) PMot	对引文中方法的肯定
(3) PSim	施引文献中的工作与引文中的工作相似
(3) PSup	施引文献中的工作与引文中的工作相互支持
(4) Neut	对引文中工作的描述

此外，Small[1]、Siddharthan 和 Teufel[19]、Swales[22]、McCain 和 Turner[23]也根据引用内容的作用，对引用内容进行了不同的分类研究。Nanba 等[24-26]通过对引用句子的语义分析，实现了引用句子的自动分类研究，并将分类结果用于生成文

章调查报告。

4.1.3 引用主题分析

Small[7]早在 1986 年就利用引用内容中的主题词来揭示共被引网络的聚类主题：首先，提取高被引文献的所有引用内容；其次，抽取出引用内容中的重要主题词；最后，在共被引网络可视化时，采用引用内容主题词来代替被引文献节点，进而实现采用引用内容主题词来揭示共被引聚类主题的研究。Nanba 和 Okumura[24]将一篇引文的所有引用内容信息收集起来，通过分析引用内容中的主题词，总结出这些引用内容的概要，用这些概要信息来描述这篇引文的主要研究内容。Mei 和 Zhai[27]、Mohammad 等[28]发现，通过引用内容总结出来的概要信息与引文本身的摘要信息不同，说明引文在被继承过程中，可以体现出原文中未被重点指出的重要价值。Elkiss 等[29]研究了引用文摘的生成，利用一篇文献的引用句子集合生成引用文摘，用于描述被引文献主题。Chang[30]比较了 *Little Science，Big Science* 一文在自然科学学科中和人文社会科学学科中被引用时，引用主题的差异，研究结果发现，此文在自然科学学科中和人文科学学科中的引用主题基本相同，但引用动机存在一定差异。

在上述引用内容的文本内容相关研究中，人们虽然对文本内容的语义做了较多研究，但对文本的情感倾向性研究仍然不足，主要因为引用内容中所包含的情感词较少，但仍然可以采用一些自然语言处理技术对其进行分析。在对文本内容的主题研究中，学者们主要研究了引用内容所构成的主题与引文本身摘要的差异，并未对差异的多少、产生原因进行详细分析，而引用内容的主题词可以直接揭示引用过程中施引文献与被引文献间知识的演化与继承过程。因此，有必要对引文内容的主题展开深入分析，从定量角度比较它们与施引文献主题和被引文献主题的差异。

4.2 引用内容主题分析方法

在传统的引文分析中，通常采用施引文献的关键词和摘要信息来标识引用主题。随着科学文献全文的可获得性的提高，人们对深入到引用内容的研究也越来越感兴趣。虽然人们采用不同方法对引用内容进行了研究，但并未对引用内容的主题展开研究，本章介绍两种引用内容主题分析方法，一种是基于标签云的主题可视化方法，另一种是基于主题模型技术的引用内容主题分类方法[31-33]。

4.2.1 基于标签云的引用内容主题分析

标签云（词云或文本云）是一种文本数据可视化的方法，通常用于描述网站中的关键词或对自由格式文本的可视化。标签通常用单个词来表示，标签词的重要性通常采用标签的大小和颜色来表示[34]。本书第 2 章中设计的引用内容检索平台可以方便地检索到一篇文献的所有引用内容，但一篇文献可能被引用成百上千次，检索结果返回的是成百上千条引用内容，而由于不同施引作者在引用同一篇文献时的引用动机不同，一篇文献可能被人们从多个角度引用。因此，引用内容中可能体现出多个引用主题，用户想了解这些主题包括哪些方面，需要进一步对引用内容进行深入分析。本书提出采用标签云的方法来对引用主题进行可视化处理，进而通过可视化图谱的方式直观地展示引文的具体引用主题。由于标签云图谱展示给用户的是单个词，而引用内容中包含较多的无用词，如“the”“is”等，因此，在标签云图谱展示之前，需要对引用内容进行去除数据噪声处理，删除一些无意义词。将标签云功能嵌入到引文检索结果界面中，如图 4-1 所示，在结果界面中针对每篇文献都有一个“Cloud”按钮，通过点击此按钮，可以查看这篇文章所有引用内容的标签云图。

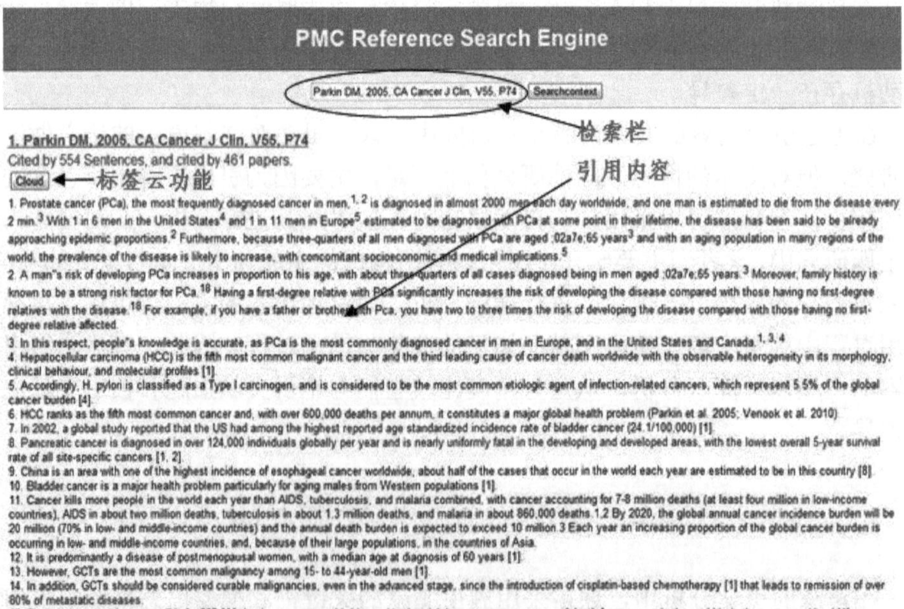

图 4-1　引文内容检索实例

图 4-2 为标签云功能的一个实例演示，仍然以文献“Parkin DM，2005，CA Cancer J Clin，V55，P74”为例，共有 554 个句子引用了这篇文献，虽然可以看出大部分句子与癌症相关，但由于引用句子数量较大，很难主观判断这篇文章在哪些主题被引用。在检索结果界面（图 4-1）中，点击“Cloud”，得到图 4-2 所示结果。标签云中所有标签来自引用句子中的单个词，这些词都是经过停用词处理

后所得到的高频词。通过标签云的展示，用户可以很容易看出这篇引文在哪些主题方面被引用。图 4-2 中只显示出现频次排名前 50 的高频词，字体大小与词频相关，词频越高，字体就越大，它在标签云图中的显示越靠前。图 4-2 中词频最高的三个词分别是“Cancer”、“Worldwide”和“Common”，这意味着人们在引用这篇文章时，常常会用到这三个词。结合其他词和这篇文章自身信息可以看出，人们通常在介绍癌症在全球的高发率及常见的诱发原因时会引用这篇文章。从标签云中所有标签词可以看出，这篇引文的最主要的被引主题是癌症致死的原因，其他被引主题还包括各种类型的癌症发病率，如肺癌、乳腺癌、宫颈癌，以及不同国家和不同性别的癌症发病率等。

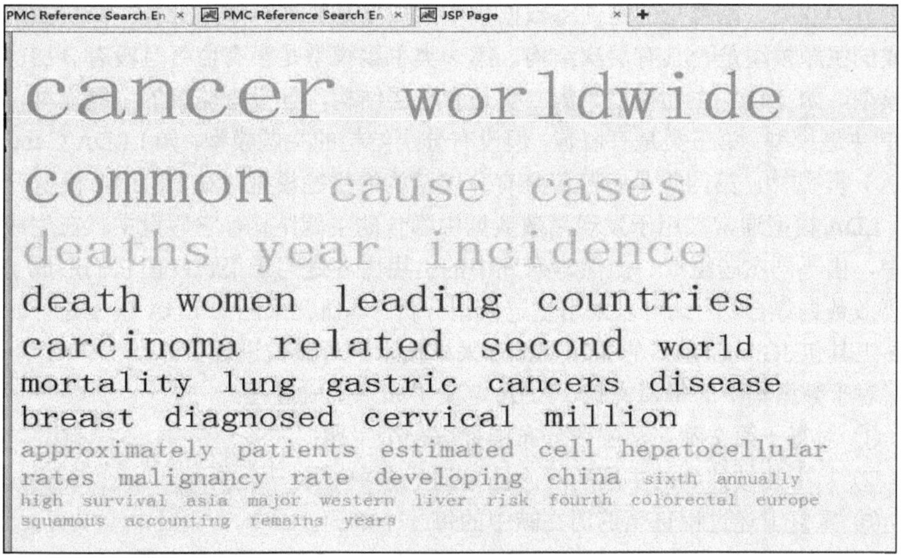

图 4-2　引用内容标签云

虽然采用标签云可视化的方法可以直观地显示出引用内容的主题词，但并没有对这些主题词进行归类，图 4-2 中没有显示出这些主题词间的关系。因此，本书提出另一种主题研究方法——主题模型，通过主题模型分析，可以将引用内容中的主题词归纳到不同类别中，进而更清楚地对引用内容的主题进行划分。

4.2.2　基于主题模型的引用内容主题分析

1. 主题模型及其功能

近年来，文本挖掘技术已经被广泛用于文献计量学研究[35-37]，主题模型作为文本挖掘技术的一种，主要用于识别大规模文献集或语料库中潜藏的结构，并建立这些结构间的联系。它采用词袋（bag of words）的方法，将每一篇文献视为一个词频向量，从而将文本信息转化成易于建模的数字信息。主题模型方法在很多领域中都有应用[38-39]，最著名的两种主题模型方法是由 Hofmann[40]在 1999 年提出的 pLSI 模型和 Blei 等[31]在 2003 年提出的 LDA 模型。在 pLSI 模型中，每个文献都被视为一系列不同概率的主题的混合体。LDA 模型在 pLSI 模型基础上，对每个文献中的主题分布都进行了 Dirichlet 先验分布操作。Griffiths 和 Steyvers[41]采用马尔科夫链蒙特卡罗的方法来对参数进行估计，进而改进 LDA 模型，并且展示了如何在一组文献中计算主题-词和文献-主题间的概率分布。

人们根据不同的研究需求，对 LDA 模型进行了很多改进研究，如作者-主题模型[42]、动态主题模型[43]、HDP 模型[33]等。这些模型根据是否需要监督和分层可以划分为四类。监督指的是训练数据集中的数据是否被标注或分类，分层指的是生成的主题模型是否具有层次结构。第一类主题模型是没有监督且没有分层的主题模型，如 LDA 主题模型。第二类是有分层结构，但没有监督的主题模型，如 HDP 主题模型。第三类是有监督，但没有分层结构的主题模型，如 LLDA（labeled LDA）模型[44]。第四类是有监督且有分层结构的主题模型，如 HSLDA 模型[45]。

LDA 模型通常被用于发现离散数据中隐含的主题结构，它假设文献在生成过程中，由不同主题组成。虽然本研究中的引用内容是句子集合，但它们形成了一个离散数据集合，因此可以采用主题模型分析。本研究采用的 LDA 模型是开源的 java 工具包 JGibbLDA，它采用 Gibbs 采样技术来对参数进行估计[46]。

对于数据集中的每篇文献，LDA 定义了如下生成过程：

① 对每一篇文献，从主题分布中抽取一个主题；

② 从上述被抽到的主题所对应的单词分布中抽取一个单词；

③ 重复上述过程直至遍历文献中的每一个单词。

数据集中的每一篇文献与 T 个主题的一个多项分布相对应，将该多项分布记为 θ。每个主题又与词汇表中的 V 个单词的一个多项分布相对应，将这个多项分布记为 ϕ。θ 和 ϕ 分别有一个带有超参数 α 和 β 的 Dirichlet 先验分布。对于一篇文献 d 中的每一个单词，从该文献所对应的多项分布 θ 中抽取一个主题 z，然后再从主题 z 所对应的多项分布 ϕ 中抽取一个单词 w。将这个过程重复 N_d 次，就产生了文献 D，这里的 N_d 是文献 D 的单词总数。这个生成过程可以用图 4-3 来表示。

图 4-3 中的阴影圆圈表示可观测变量，非阴影圆圈表示潜在变量，箭头表示两变量间的条件依赖性，方框表示重复抽样，重复次数在方框的右下角。该模型有两个参数需要推断：一个是“文献-主题”分布 θ，另一个是 T 个“主题-单词”分布 ϕ。参数推断方法有很多种，本书主题模型采用的是 Gibbs 采样方法来推断。

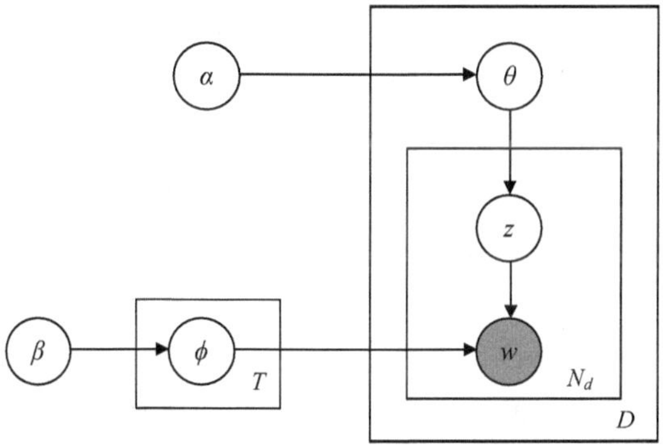

图 4-3 LDA 模型生成过程

2. 主题模型在引用内容主题分析中的实现机制

应用主题模型分析引用内容时，需要解决两个问题：一个是引用内容的文本范围，另一个是主题数量的确定。

根据引用内容的定义可知，引用内容可以为一句话，也可以为多个句子，因此在对引用内容进行分析前，需要限定引用内容的长度。在本书第 3 章位置研究中，引用内容设定为包含引用标签的一个句子。在采用标签云主题分析时，引用内容也是只包含一个句子，而本章节采用的是主题模型分析，假设前提是每个引用内容涉及多个主题，而一个句子所包含的主题词有限，为了使引用内容中包含更多的主题词，需要增加引用内容的长度。本研究将引用内容设定为三个句子，分别是包含引用标签的引用句子、引用标签之前的一个句子和引用标签之后的一个句子，以便更清楚地对主题进行分类。

使用 LDA 主题模型时，一个主要的问题是它不能自动选择主题的数量，虽然 HDP 主题模型可以解决这个问题，但 HDP 模型需要较大的数据训练集，而一篇文献的引用内容数据样本通常比较小，因此只能采用 LDA 模型。在以往的研究中，主题数量通常人为来定义，人们根据不同需求定义主题数量，如 3 个或 5 个。Ding[47]的文章中在采用作者-会议-主题模型分析科学文献标题和摘要中的主题时，将主题数设定为 5 个，并取得了很好的分析结果。每篇引文的引用内容数量不同，人工设定主题分析方法精确度较差，通常导致所得的主题区分度不大。本研究提出一种基于主题相似度的主题数量选取的方法，选取原则是争取让选取出来的主题数量能够尽可能多地涵盖潜在的主题。在给定的主题数量下，如果各个主题间的重叠较小，它们所能涵盖的主题就会较全面。

本研究中，主题数量的选取是根据主题间的关联性来确定的，各个主题间的关联性计算是通过向量空间模型（vector space model）来实现的，向量空间模型是把对文本内容的处理简化为向量空间中的向量运算，并且它以空间上的相似度表达语义的相似度，直观易懂。当文档被表示为文档空间的向量，就可以通过计算向量之间的相似性来度量文档间的相似性。LDA 模型生成的每个主题都是由多个词和词权重构成的，因此可以直接将每个主题表示为一个词向量并采用向量空间模型方法来计算主题间的相似性。向量间的距离越近，向量表示的主题就越相似，主题间的重叠也就越多。在选取主题数量时，需要满足各个主题间具有较小的相似性，从而更全面地揭示主题内容。

文本处理中最常用的相似性度量方式是余弦距离，本研究也采用此计算方法来计算主题间的相似性，公式（4-1）为主题 A 和主题 B 间相似度计算公式，主题数量的选取是基于所有主题间相似度的平均值来确定的。

$$\mathrm{Sim}(\mathrm{A},\mathrm{B})=\cos(\alpha)=\frac{\vec{\mathrm{A}}\times\vec{\mathrm{B}}}{\|\mathrm{A}\|\times\|\mathrm{B}\|}=\frac{\sum_{i=1}^{n}\mathrm{A}_i\times\mathrm{B}_i}{\sqrt{\sum_{i=1}^{n}(\mathrm{A}_i)^2}\times\sqrt{\sum_{i=1}^{n}(\mathrm{B}_i)^2}} \tag{4-1}$$

式中，A_i 为词 i 在主题 A 中的概率；B_i 为词 i 在主题 B 中的概率。

4.3　引用内容主题与引文主题的关系

人们在撰写科技文献时，通常将文献的主要研究内容概括在文章的摘要中，那么别人在引用该文献时，是引用摘要中的内容，还是会从其他角度引用这篇文章呢？本研究中将运用引用内容主题分析方法来讨论引用内容与引文摘要间的关系。

4.3.1　目标文献选取

在分析引用内容主题时，需要选择一篇具有代表性的文献作为分析对象，本研究拟从八本影响因子大于 3 的 BMC 期刊中选取具有最高影响力的文献作为目标文献，八本期刊分别是 *BMC Bioinformatics*、*BMC Biology*、*BMC Developmental Biology*、*BMC Evolutionary Biology*、*BMC Genomics*、*BMC Medicine*、*BMC Plant Biology*、*BMC Systems Biology*。这些期刊共包含 2001—2010 年的 11 751 篇文献，这些文献的引文信息都可以从本书第 2 章中的数据库中抽取出来。

本书需要分析目标文献的引用内容主题，因此在目标文献选择时需要选取高被引的文献，同时选择的文献也应该具有很高的影响力。选取过程如下：首先，从八本 BMC 期刊中抽取出被引频次排名前 10 的引文作为备选目标文献；其次，在 CiteSpace 软件中，通过凸显率计算来查找高影响力的文章，凸显率所揭示的是一篇参考文献在一段时间内被引频次的突增性变化[48]，可以用来表示这篇参考文献在一段时间的影响力；最后，选择一篇既具有高被引频次，又具有高影响力的文献作为目标文献。

图 4-4 显示的是八本 BMC 期刊的共被引网络，网络中节点的大小与被引频次成正比，节点年轮颜色代表这篇文献被引用的年份。凸显率高的文献在图中用红色标识。综合凸显率和被引频次两个指标，Ronquist 和 Huelsenbeck[49]于 2003 年在 *BMC Bioinformatics* 期刊上发表的一篇文章被选为目标文献，文章的标题为“MrBayes 3: Bayesian phylogenetic inference under mixed models”，标题中的“MrBayes 3”指的是一个分析不同类型医学数据的工具。该文章是被引频次排名前 10 的文章中，凸显率最高的文章，凸显率为 6.05，其在 2003 年到 2010 年被 306 篇文章引用，在总被引频次中排名第五，引用内容共 352 条。目标文献选定后，该文献的引用内容信息都将被抽取出来，同时根据数据库中存储的这篇文献的 doi 号，查找到这篇文献的原文信息，抽取出摘要内容以便做主题比较分析。

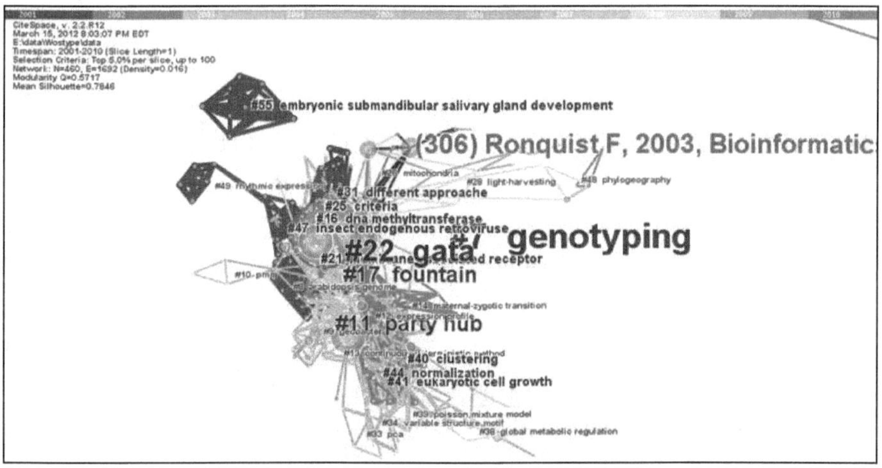

图 4-4　八本 BMC 期刊共被引网络图

通过共被引网络聚类，也可以揭示这篇目标文献在网络中的作用。共被引网络中包含 58 个聚类，每个聚类代表了这八本期刊的一个研究焦点，目标文献被划分到编号为#26 的聚类中。CiteSpace 聚类采用施引文献主题词的表示方法。如果采用 tf*idf 方法，得到的标签是“mitochondria”；如果采用对数似然率方法，得到的聚类标签是“evolution”。这篇目标文献的主要作用与“mitochondria”或“evolution”相关。

为了更好地体现这篇文章的作用，需要查看这篇文章的引用历史，图 4-5 是这篇目标文献随时间变化引用频次的变化图，它一共被 306 篇文献引用 352 次，第一次引用发生在 2004 年，随后引用频次逐年增高，到 2009 年达到引用高峰。

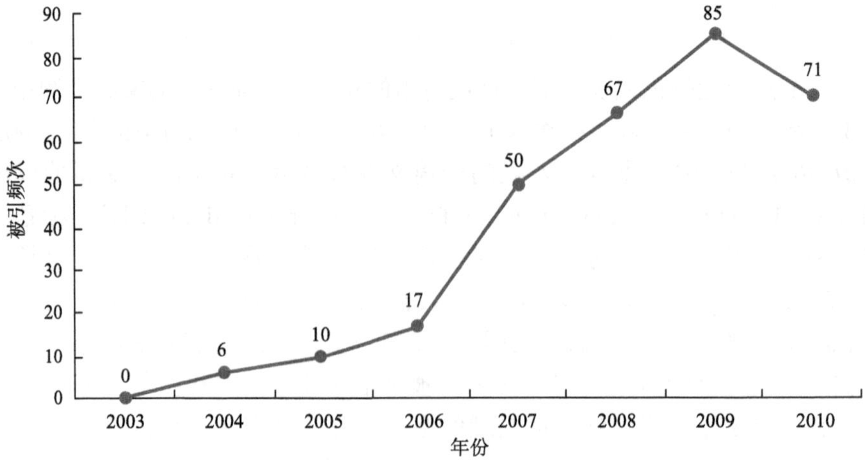

图 4-5　文献“Ronquist F，2003，Bioinformatics，V19，P1572”引用历史

4.3.2　名词短语抽取

本书中的引用内容范围限定为引用目标文献的句子和此句子前后的句子。这些引用内容都来自八本期刊中引用目标文献的施引文献，在对这些引用内容进行主题分析前，需要将引用内容转换为特征词向量。传统的主题模型分析都是通过单个词来生成主题，但英文中的单个词通常有较多含义，与不同词搭配时，表现出不同词义，在科学计量学研究中，文本分析通常采用英文关键词或名词短语分析。本研究也采用名词短语来生成主题模型的主题。Wang 和 McCallum[50]采用 N-gram 的方式来生成主题模型的主题，本研究中名词短语的长度设置为 1～5。由于本章要研究引用内容与引文摘要、施引文献摘要的关系，因此名词短语来源于三个方面，分别是施引文献摘要、引文摘要和引用内容。

根据语言学句子构成可知，一个句子中的主要信息均来源于句子中的名词及名词短语，目前计算机信息检索领域对名词短语抽取研究较多，名词短语识别也是计算机自然语言处理研究中的一项重要任务[51]，但多针对完整句子中名词短语的抽取，以及指代消解研究[52]，主要通过对大量已标注资料的训练，得出句子构词规则，在统计与规则的基础上进行名词短语抽取。科技文献中并没有合适的训练集，因此对其中的名词短语的抽取无法使用已有工具实现，本研究将结合名词短语构成规则及科技论文写作特点进行名词短语抽取，抽取过程中包含两个主要步骤，分别是词性标注和名词短语抽取规则定义。

1. 词性标注

词性标注是实现自然语言处理过程中分析和理解语言的一个中间环节，其主要任务是把每一个单词都标记上一个合适的标记，就是确定每个词是名词、动词、形容词或其他词性。目前网络上已经有较多词性标注系统可以下载使用，如 PosTagger、CLAWS POS tagger 等工具，本研究采用的是斯坦福大学 NLP 团队开发的 Stanford Log-linear Part-Of-Speech Tagger[53]，通过此词性标注系统可将引用内容中各个单词的词性标出，为进一步抽取工作做准备。通过此系统标注出的文本例句如下：

（a）Alignment system for optical fibres attached to optical waveguides

（b）Alignment/NNP system/NN for/IN optical/JJ fibres/NNS attached/VBN to/TO optical/JJ waveguides/NNS

句子（a）为未经标注的句子，句子（b）是经过词性标注系统处理后的句子，“/” 后的英文代表了各种词性，如 NNP、NNS、NN 均代表名词的不同形式，JJ 代表形容词。此标注系统对英文标注准确率可达 95%以上，因此，使用此系统对科技文献分析具有很好的可靠性。

2. 名词短语抽取规则定义

由于无法使用训练集的方法实现对名词短语的抽取，只能通过定义一套名词短语抽取规则来实现。抽取规则一方面要考虑语义学中通常的名词短语构词规则，另一方面还要考虑科技文献的构词特征。通过对科技文献中构词规律的总结，提出一套适用于科技文献名词抽取的规则如下：

① 将需要抽取名词短语的句子从全文中抽取出来。

② 限制名词短语长度最多为 5 个。

③ 与名词构成短语的短语形式有：

名词

名词+名词+……

形容词+形容词+……+名词+名词+……

名词+动词过去式+名词

名词+动名词+名词

形容词+动名词+名词

动词过去式+形容词+形容词+……+名词+名词……

动名词+名词+名词+……（动名词前为非介词）

④ 在句子中从后向前匹配步骤③中短语格式，如词性匹配则将短语抽出作为该句子的一个描述词，直到所有短语抽出为止。

通过以上步骤抽取出每条引用内容中的名词短语后，统计各个引用内容中的名词短语频数，共抽取出频次大于 2 的 864 个名词短语。将同义词组合并后，共有 700 个名词短语用于主题分析。将每条引用内容表示成名词短语及其词频的向量，在对引用内容进行主题模型分析时，将对这些名词短语向量进行内容分类。

4.3.3　引用内容主题分类

目标文献被 306 篇施引文献引用，有些文章中不止引用一次，共有 352 条引用内容。在对这些引用内容进行主题分类前，应确定需要划分主题的数量，依据不同主题数量下各个主题间的相似性来划分，如果主题间的相似性过大，说明它们的区分度不明显。本研究的选取原则是选择主题间平均相似性较小的主题数量，这样既达到主题间区分度大的目的，又可以使主题所涵盖的内容尽可能地多。图 4-6 显示了在对引用内容设定不同主题数量时，各个主题间的平均相似性，相似性计算由公式（4-1）实现。图 4-6 中显示，当主题数量设定为 8 时，各个主题间的平均相似性最小，故将引用内容主题数量设定为 8。

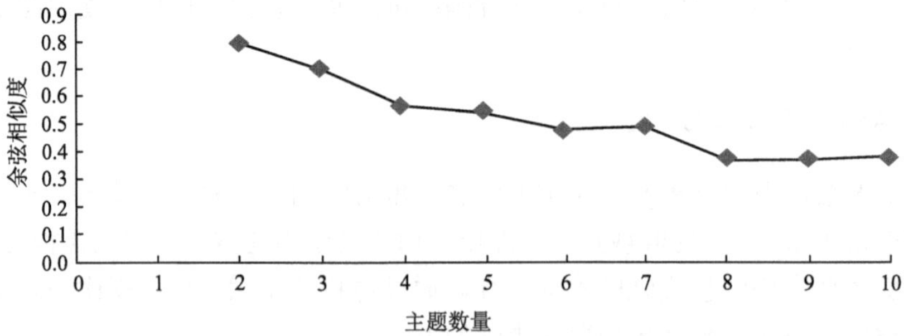

图 4-6　各个主题间平均余弦相似度

主题数量确定后，通过 LDA 可以得到各个主题中所包含的主题词以及这些词的权重。表 4-2 列出八个主题所包含的名词短语，在分析过程中，将英文名词短语复数都转换为单数，表中列出的主题词都是按照它们的权重排序的，由于权重排名 14 后的主题词的权重值相同的比较多，本研究只选择每个主题中权重排名前 14 的主题词来表示主题。从表 4-2 中可以看出，大部分引用内容的主题与“Mrbays”相关，通过查找目标文献内容发现，“Mrbays”是目标文献的一个重要研究主题，说明这篇文献的引用内容与其自身的主题相关性较大。表中各类间除了“Mrbays”一词重复率较高外，其他名称短语间区分度较大，可以明显看出各类间的差异，如主题 0 主要是关于蛋白质序列的相关研究方法，主题 1 主要是关于基因分类的相关方法与模型，主题 2 是关于氨基酸结构的相关研究等。

表 4-2　引用内容中各个主题中排名前 14 主题词

主题	主题词					
主题 0	Mrbayes	bayesian analysis	codon position	substitution rate matrix	hierarchical likelihood ratio test	bayesian phylogenetic analysis	phylogenetic relationship

续表

主题	主题词					
主题 0	concatenated data	sequence evolution	protein sequence	bayesian inference analysis	protein-coding genes	appropriate model	Nj tree reconstruction
主题 1	Mrbayes	posterior probability	likelihood model	gene partition	bayesian posterior probability	srcr domain	bayesian phylogenetic inference method
	sequence alignment	split frequencies	evolutionary history	sampling tree	visual inspection	mixed model analysis	codon position
主题 2	Mrbayes	invariant site frequency	gamma-distributed rate variation	amino acid	rate categories	subsequent bayesian phylogeny inference	genetic analysis
	heated chains	bayesian analysis	general time	reversible model	branch support	mcmc chains	bootstrap replicates
主题 3	maximum parsimony	bayesian inference analysis	mrbayes	random sequence addition replicates	phylogenetic reconstruction program	heuristic search	akaike information criterion
	bayesian tree	mixed model analysis	nucleotide evolution	random starting tree	sequence evolution	phylogenetic relationship	statistical framework
主题 4	Mrbayes	bayesian inference analysis	additional file	bootstrap replicates	monte carlo markov chain	g model	among-site rate variation
	wag substitution frequency matrix	g substitution model	sequence data	probable categories	bayesian analysis	jtt substitution frequency matrix	simultaneous independent mcmc runs
主题 5	monte carlo markov chain	amino acid substitution matrix	bayes version	posterior probability	bayesian phylogenetic analysis	mixed model analysis	independent runs
	g model	random starting tree	maximal likelihood	model parameter	consensus tree	sample frequency	fixed rate matrices
主题 6	phylogenetic tree	mrbayes	g model	tree topology	mrbayes analysis	bayes version	amino acid sequence
	dna substitution	molecular evolution	bayesian estimation	maximal likelihood	nucleotide sequences	bayesian inference analysis	length difference
主题 7	Mrbayes	bayesian analysis	maximal likelihood	best-fit dna substitution model	substitution rate matrix	bootstrap analysis	nucleotide substitution
	monte carlo markov chain	gene region	evolutionary model	nodal support	gtr model	bootstrap support value	simultaneous chains

4.3.4 引用内容主题与引文主题比较

一篇文献的引用内容可以看作是人们客观地评价这篇文献的结果。从上述主题分析可以看出，人们在引用时会从多个角度引用，从不同方面评价这篇文献，而这篇文献的摘要是这篇文献作者主观提出的这篇文献的价值，那么他们之间会有多少差别呢？在本章名词短语抽取过程中，已经对目标文献的摘要进行了处理，将其转换为由名词短语构成的词向量，而引用内容的每个主题也都可以视为一个词向量。因此，在比较引用内容主题与引文主题时，只需要比较各个主题向量与目标文献摘要构成的向量距离。在计算向量距离时，本研究仍然采用余弦相似性的计算方法。表 4-3 列出了引用内容的八个主题与目标文献摘要的相似性，从结果中可以看出，引用内容中只有部分主题与引文摘要主题一致，还有些主题与引文摘要无关。其中，主题 0、主题 1 和主题 4 都与目标文献摘要比较相似，它们都是讨论演化模型和“Mrbayes”工具的，说明人们在引用时所研究的内容与目标文献相关性较大。主题 2、主题 3 和主题 5 与目标文献摘要关系较远，说明研究者在引用这篇目标文献时，会从多种不同角度来引用，而有些角度的价值可能原文作者并没有意识。因此，从这个角度来看，引文分析是不能代替引用内容分析的。

表 4-3　引用内容与引文摘要相似性

主题	主题 0	主题 1	主题 2	主题 3	主题 4	主题 5	主题 6	主题 7
相似性	0.148 9	0.163 6	0.071 7	0.054 3	0.149 6	0.029	0.096 5	0.118 3

4.4 引用内容主题与施引文献主题关系

对于一篇参考文献，它的引用内容指的是施引文献中引用这篇参考文献的句子。这些引用句子可以提供关于这篇参考文献的最直接、最详细的信息，由这些引用句子所构成的主题可能会比施引文献摘要中的主题更具体。通常人们在研究共被引聚类时，采用施引文献的主题词来标识聚类主题，但 Small[7]在 1986 年从引用内容中抽取概念词来对共被引聚类进行命名，取得了很好的效果。学界很少有人注意到施引文献中的主题与引用内容主题间的差别，本章节将对它们的差别进行详细分析。

本章节从主题相似性和词的广义-狭义性两个角度分析施引文献主题与引用内容主题差别，通过两方面的对比分析，揭示引用内容的主题特点。施引文献主题分析与引用内容主题分析所采用的词集是相同的，都是 700 个名词短语，对于施引文献的主题仍然采用 LDA 模型获取，在比较施引文献主题与引用内容主题时，采用向量空间模型方法，分别将施引文献主题和引用内容主题表示为名词短语向量，利用余弦相似度的办法，计算各个向量间的距离，相似度公式同公式（4-1）。

在比较两类主题中概念的广义与狭义性时，本研究采用信息熵的方法，信息熵是 Shannon[54]在 1948 年提出的，计算公式为

$$I(x) = -\sum p_i(x) \cdot \log_2(p_i(x)) \quad (i = 1, 2 \cdots) \tag{4-2}$$

式中，$p_i(x)$ 为主题词 x 在主题 i 中的分布概率。

信息熵的概念来源于信息论，用于描述一个事件所包含的信息量。通常来说，事件中的不确定因素或随机因素越多，它所包含的信息量越大；反之，信息量越小。例如，当你想知道世界杯冠军时，你需要从 32 支球队中猜测，分别对这 32 支球队进行编号，第一次猜测时猜冠军在 1～16 号中还是 17～32 号中，假如在 1～16 号中，第二次则猜测冠军在 1～8 号或 9～16 号中，依次类推，最后猜出冠军需要猜 5 次。猜测过程中假设的是每支球队获得冠军的概率是相同的，都是 1/32，将此概率代入公式（4-2）中，得到的信息熵也为 5。实际在世界杯比赛中，各个球队夺冠实力并不相同。如果我们将几个夺冠概率高的球队分到一组，将其他球队分到另一组，可能最后只需要猜 3 次或 4 次就可以猜出冠军，信息熵将减少。如果我们知道有一支球队夺冠概率特别高，那么我们可能只需要猜一次就能猜到冠军，此时信息熵将最少。由此可知，在计算信息熵时，变量的不确定性越大，熵就越大，想把它搞清楚需要的信息量就越大。

本研究中借鉴信息熵的思想来计算词的广义-狭义性，具体实验中，公式（4-2）中的 $p_i(x)$ 是指主题词 x 在主题 i 中的分布概率。每个主题词在各个主题中都有可能有一定的分布概率，如果一个主题词只在一个主题中有分布概率，那么了解这个词所需要的信息量较少，只需要在这一个主题中查找，说明这个主题词的概念含义比较狭窄，而如果一个主题词出现在多个主题中，想要了解它，需要的信息不确定性较大，说明这个主题词的含义比较广泛。

4.4.1　施引文献主题分析

目标文献被 306 篇不同文献引用，因此数据集包含 306 篇施引文献摘要，这些摘要被表示为名词短语向量，进而使用主题模型对其进行分析。

在使用 LDA 模型时，根据需要可以将主题数设定为几个或成百上千个。本研究数据量较小，因此把主题数量限制在 10 个以内，以便于主题的操作与管理。我们也尝试采用 HDP 模型自动识别主题数量，但研究数据量较小，HDP 模型识别出的主题数也不稳定，运行了 10 次，有 7 次给出的是 5 个主题，另外 3 次给出的是 4 个主题。本研究没有直接采用 HDP 提供的结果，而是通过计算主题相似度的方法来选择主题数，图 4-7 显示的是主题数量与主题间平均相似度关系。主题数从 2 到 12，选择平均相似度最低的主题数作为最终的主题数。图 4-7 中，当主题数设定为 10 时，平均相似度达到最低值 0.044，因此对施引文献摘要进行分析时，

将主题数设定为 10。

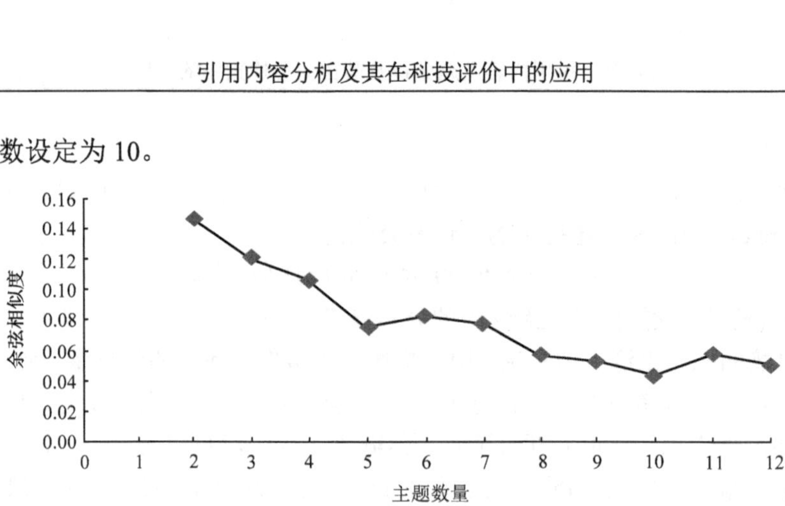

图 4-7　不同主题间平均余弦相似度

表 4-4 列出了 10 个主题中包含的主题词，与引用内容主题中所列的主题词数量相同，也根据权重列出排名前 14 的主题词。在目标文献选取过程中，对八本期刊进行了共被引网络聚类分析，目标文献所在聚类为 #26 聚类，此聚类标签来源于施引文献的主题，从聚类标签与施引文献主题分类结果比较可以看出，目标文献所在聚类的聚类标签与施引文献主题比较相似。例如，在主题 1、主题 2 和主题 9 中，都涉及“mitochondrial”，而“evolution”基本在所有主题中都有提到，此结果也说明了这篇目标文献在此聚类中的重要作用。

表 4-4　施引文献主题中排名前 14 主题词（名词短语）

主题	主题词						
主题 0	genome sequence	genetic analysis	common ancestor	protein sequence	phylogenetic tree	daphnia pulex	comparative analysis
	nervous system	convergent evolution	model organisms	related proteins	different species	results we report	evolutionary change
主题 1	mitochondrial genome	nuclear gene	control region	coding gene	complete mitochondrial genome sequence	molecular evolution	mitochondrial dna
	codon usage	main lineages	genome sequence	amino acid	sister-group relationship	phylogenetic resolution	amino acid sequence
主题 2	evolutionary relationship	genetic analysis	morphological characters	dna sequences	nuclear gene	phylogenetic inference	bayesian analysis
	phylogenetic reconstruction	phylogenetic signal	sequence data	molecular data	morphological data	phylogenetic hypothesis	maximum parsimony criterion
主题 3	gene family	gene duplication event	expression pattern	transcription factor	gene expression	important role	amino acid sequence

续表

主题	主题词						
主题 3	genetic analysis	duplication event	binding site	sequence similarity	common ancestor	gene product	drosophila melanogaster
主题 4	phylogenetic relationship	sequence data	secondary structure	gene tree	phylogenetic tree	evolutionary process	phylogenetic reconstruction
	speciation event	bayesian inference analysis	posterior probability	phylogenetic analysis	sequence alignment	variable site	evolutionary model
主题 5	gene cluster	comparative genomic analysis	teleost fish	lateral gene transfer	gene loss	phylogenetic tree	genomic analysis
	evolutionary scenario	human genome	housekeeping genes	cell division	sequence tags	sequenced genomes	first step
主题 6	positive selection	amino acid model	molecular evolution	purifying selection	adaptive evolution	subtilisin-like serine protease	functional divergence
	concerted evolution	duplication event	domain architecture	amino acid site	important role	selective constraint	positive darwinian selection
主题 7	complex history	horizontal gene transfer	land plants	green algae	green plants	genetic analysis	red algae
	phylogenetic evidence	sequence evolution	vertical inheritance	evolutionary rates	public database	ribosomal rna	eukaryotic genomes
主题 8	divergence time	molecular phylogeny	phylogenetic relationship	molecular clock	major clades	rapid radiation	fossil record
	monophyletic group	phylogenetic framework	old world	deep divergence	evolutionary history	sequence data	major group
主题 9	genetic diversity	heuristic algorithm	genetic structure	gene flow	mitochondrial dna	range expansion	genetic variation
	genetic subdivision	arabidopsis thaliana	phylogenetic history	nuclear markers	geographical distribution	northern australia	population structure

表 4-4 中的 10 个主题是基于名词短语得到的，本研究还尝试用单个词来做主题分析，进而比较它们所得结论的异同。在具体分析过程中，基于单个词的主题模型参数的设置与基于短语的主题模型设置相同，主题数量选择也相同，表 4-5 列出了基于单个词的 10 个主题。从表 4-5 中的各个主题中的主题词可以看出，大部分的单词都在表 4-4 中出现过，虽然两种方法所得到的结果很相似，但从表 4-5 中列出的每类中的词来看，通过这些单个词很难概括各类的主题内容，而名词短语可以更具体地表达出各个主题的主要内容。

表 4-5　施引文献主题中排名前 14 主题词（单个词）

主题	主题词					
主题 0	gene	host	virus	species	Evolution	parasitism	associate
	symbiont	fungi	plant	pathogen	Infect	protease	genom
主题 1	variation	isolation	previous	gene	Lineage	faecalis	observe
	origin	genom	sequence	commensal	enterococcal	MLST	major
主题 2	species	population	diverse	gene	Land	lineage	diverge
	geograph	distribute	pattern	differ	Hybrid	mitochondrial	rang
主题 3	select	ependymin	express	fish	specify	origin	deuterostom
	tissue	vertebrate	gene	protein	substitute	codon	teleost
主题 4	select	gene	evolution	function	differ	species	position
	adapt	rate	site	variation	change	molecular	produce
主题 5	duplicate	trappin	gene	species	multigene	Afrotheria	armadillo
	nine-band	mammal	single	evolution	peptide	genom	data
主题 6	phylogenetic	relationship	data	phylogenies	Gene	molecular	clade
	families	morphology	tree	taxa	species	nuclear	resolve
主题 7	gene	express	families	genom	vertebrate	function	duplicate
	sequence	protein	identify	develop	orthologous	conserve	regulation
主题 8	genom	sequence	mitochondrial	gene	phylogenetic	data	form
	region	align	method	protein	structure	multiply	application
主题 9	protein	families	plant	gene	eukaryotic	domain	transfer
	cell	bacteria	structure	sequence	function	phylogenetic	evolution

4.4.2　引用内容主题与施引文献主题比较

从表 4-4 中各个主题中的名词短语可以看出，在施引文献摘要主题中，并没有直接涉及“Mrbays”，直观比较可以看出施引文献摘要所揭示的主题和引用内容的主题有明显差别，引用内容可以直接揭示一些施引文献无法体现的引用主题。下面通过主题相似性的方法比较各个主题间的差别。

表4-6和表4-7分别是施引文献各个主题间相似矩阵和引用内容各个主题间相似性矩阵。为了区分来自施引文献的主题和引用内容的主题，表中用“Abstract topic”表示施引文献主题，用“Sentence topic”表示引用内容中的主题。从表 4-6 中可以看出，施引文献中的主题之间相似度较小，各个主题间平均相似度只有 0.044。引用内容中的主题之间的相似度较大，平均相似度达到 0.369，说明引用内容中的主题比较集中，而施引文献中的主题比较分散。表 4-8 是施引文献主题与引用内容主题间的相似矩阵，其中施引文献中的 Topic 6 与引用内容中的 Topic 2 最相似，它们的相似度为 0.211，从主题内容来看，它们都是关于氨基酸的研究主题。其他主题间的相似度都相对比较低，所有主题间的平均相似度只有 0.038，比

施引文献摘要主题间相似性和引用内容主题相似性都低。

表 4-6　施引文献各个主题间相似矩阵

主题	Abstract topic 0	Abstract topic 1	Abstract topic 2	Abstract topic 3	Abstract topic 4	Abstract topic 5	Abstract topic 6	Abstract topic 7	Abstract topic 8	Abstract topic 9
Abstract topic 0	1.000	0.052	0.179	0.090	0.055	0.095	0.003	0.052	0.040	0.016
Abstract topic 1	0.052	1.000	0.070	0.009	0.007	0.014	0.076	0.011	0.025	0.024
Abstract topic 2	0.179	0.070	1.000	0.044	0.071	0.023	0.021	0.071	0.055	0.037
Abstract topic 3	0.090	0.009	0.044	1.000	0.019	0.016	0.051	0.018	0.019	0.013
Abstract topic 4	0.055	0.007	0.071	0.019	1.000	0.043	0.0101	0.017	0.306	0.021
Abstract topic 5	0.095	0.014	0.023	0.016	0.043	1.000	0.012	0.006	0.047	0.022
Abstract topic 6	0.003	0.076	0.021	0.051	0.011	0.012	1.000	0.014	0.015	0.003
Abstract topic 7	0.052	0.011	0.071	0.018	0.017	0.006	0.014	1.000	0.176	0.008
Abstract topic 8	0.040	0.025	0.055	0.019	0.306	0.047	0.015	0.176	1.000	0.016
Abstract topic 9	0.016	0.024	0.037	0.013	0.021	0.022	0.003	0.008	0.016	1.000

表 4-7　引用内容各个主题间相似矩阵

主题	Sentence topic 0	Sentence topic 1	Sentence topic 2	Sentence topic 3	Sentence topic 4	Sentence topic 5	Sentence topic 6	Sentence topic 7
Sentence topic 0	1.000	0.707	0.452	0.362	0.686	0.039	0.457	0.724
Sentence topic 1	0.707	1.000	0.422	0.379	0.737	0.065	0.543	0.562
Sentence topic 2	0.452	0.422	1.000	0.190	0.412	0.016	0.284	0.386
Sentence topic 3	0.362	0.379	0.190	1.000	0.501	0.051	0.249	0.263
Sentence topic 4	0.686	0.737	0.412	0.501	1.000	0.149	0.533	0.553
Sentence topic 5	0.039	0.065	0.016	0.051	0.149	1.000	0.099	0.140

续表

主题	Sentence topic 0	Sentence topic 1	Sentence topic 2	Sentence topic 3	Sentence topic 4	Sentence topic 5	Sentence topic 6	Sentence topic 7
Sentence topic 6	0.457	0.543	0.284	0.249	0.533	0.099	1.000	0.383
Sentence topic 7	0.724	0.562	0.386	0.263	0.553	0.140	0.383	1.000

表 4-8　两组主题间相似矩阵

主题	Abstract topic 0	Abstract topic 1	Abstract topic 2	Abstract topic 3	Abstract topic 4	Abstract topic 5	Abstract topic 6	Abstract topic 7	Abstract topic 8	Abstract topic 9
Sentence topic 0	0.042	0.016	0.099	0.009	0.128	0.029	0.042	0.048	0.056	0.009
Sentence topic 1	0.010	0.009	0.020	0.003	0.057	0.005	0.018	0.113	0.015	0.002
Sentence topic 2	0.061	0.038	0.113	0.015	0.037	0.011	0.211	0.040	0.010	0.007
Sentence topic 3	0.025	0.016	0.091	0.004	0.150	0.005	0.006	0.026	0.061	0.005
Sentence topic 4	0.015	0.002	0.038	0.005	0.092	0.016	0.001	0.042	0.024	0.004
Sentence topic 5	0.007	0.005	0.059	0.005	0.062	0.025	0.004	0.003	0.026	0.010
Sentence topic 6	0.176	0.026	0.016	0.022	0.118	0.155	0.025	0.029	0.028	0.004
Sentence topic 7	0.003	0.007	0.113	0.001	0.031	0.035	0.008	0.032	0.010	0.003

图 4-8 是施引文献所有主题与引用内容所有主题的关系图，施引文献中的主题用方形表示，引用内容中的主题用圆形表示，它们之间的连线表示各个主题间的相似性。图 4.8 中只显示相似度大于 0.15 的连线。在引用内容的所有主题中，除了 Topic 5 以外，大部分主题都连接到一起，而施引文献中的主题间连线很少。从图 4-8 中也可以发现，有些来自施引文献的主题与来自引用内容的主题间具有很强的联系，如引用内容中的主题 Topic 2 和施引文献中的主题 Topic 6、引用内容中的主题 Topic 6 与施引文献中的主题 Topic 0。

以上比较结果表明，引用内容的各个主题间关系要比施引文献的各个主题间关系更紧密。引用内容中的主题与施引文献中的主题具有一定差异，只有较少的主题直接相关。因此，在具体分析引文主题时，应同时考虑这两部分内容，不能只采用施引文献主题来研究引文主题。

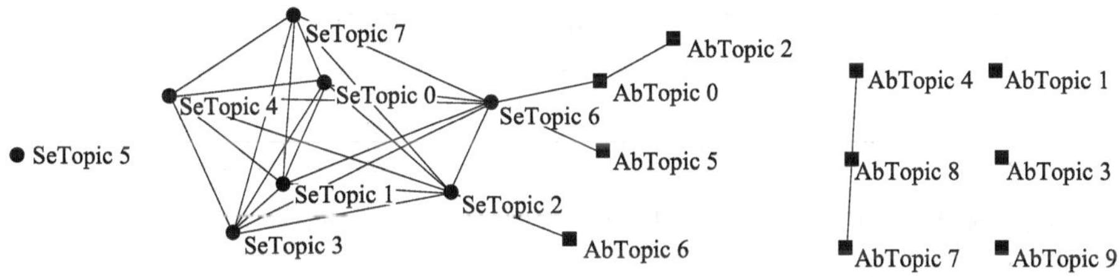

图 4-8　施引文献所有主题与引用内容所有主题关系图

通过上述比较得出引用内容主题与施引文献主题间具有一定差异，那么引用内容中所使用的词语与施引文献中所使用的词语在意义广泛性上是否有差别呢？本书将通过信息熵的计算方法来判断词语含义的广义-狭义性。首先，分别从施引文献主题和引用内容主题中抽取出现频次排名前 100 的名词短语。其次，根据词在各个主题中的分布，计算出每个词的信息熵。最后，比较施引文献中词和引用内容中词的信息熵的平均值和中位数。图 4-9 显示的是比较的结果，图 4-9（a）是比较平均信息熵，随着主题词数量的增多，信息熵平均值逐渐变小，引用内容中的主题词平均熵比引用摘要中的主题词平均熵要低很多。由于本研究只选取频次排名前 100 的词作为分析对象，并没使用所有词分析，因此需要通过 t 检验的方法来验证数据的可靠性。假设两组数据等方差并采用单尾检查，表 4-9 列出了基于不同词数量的 10 组 t 检验结果。随着词数量的增加，p-value 变得越来越小。如果把显著性水平设定为 p=0.05，当词数量达到 40～100 个时，施引文献主题与引用内容主题具有显著性的差别。

从图 4-9（a）可以看出，当词数量大于 40 时，施引文献摘要中的词的广义性要比引用内容中词的广义性更广。图 4-9（b）是施引文献各个主题中名词短语信息熵中位数与引用内容各个主题中名词短语信息熵中位数的比较，比较结果与平均值比较方法相同，引用内容中名词短语信息熵要比施引文献摘要中名词短语信息熵低。所以，引用内容中的名词短语含义要比摘要中名词短语含义狭窄。

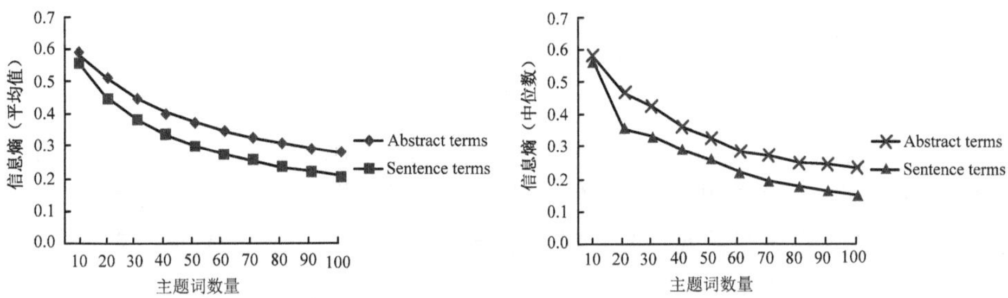

（a）信息熵平均值的比较　　（b）信息熵中位数的比较

图 4-9　引用内容与施引文献摘要中词语信息熵的平均值和中位数比较

表 4-9　两组数据中平均信息熵 *t* 检验

主题词数量	10	20	30	40	50	60	70	80	90	100
p-value	0.283 2	0.096 4	0.055 9	0.028 2	0.013 3	0.005 6	0.002 5	0.001 4	0.000 7	0.000 5

表 4-10 和表 4-11 分别展示的是施引文献摘要中和引用内容中信息熵最大的 14 个词。施引文献摘要中词的信息熵都大于 0.4，平均信息熵为 0.56，其中大部分的词可以用来描述一个领域，具有较广泛的含义。在引用内容中，被引频次最高的词是“mrbayes”，这个词的词频要比其他词高出很多，它是目标文献中介绍的一个工具。因此，在统计信息熵时，将这个词剔除，得到引用内容的平均信息熵为 0.51，其中大部分的词是一些特定领域中的研究方法。

表 4-10　施引文献摘要中排名前 14 个词的信息熵

词	mitochondrial genome	evolutionary history	phylogenetic relationship	genetic analysis	gene family	positive selection	gene duplication
熵值	0.535 801	0.688 93	0.684 618	0.962 808	0.460 481	0.430 609	0.419 685
词	amino acid	sequence data	genome sequence	nuclear gene	phylogenic tree analysis	genetic diversity	evolutionary relationship
熵值	0.548 899	0.590 45	0.572 768	0.498 161	0.638 741	0.401 537	0.409 617

表 4-11　引用内容中排名前 14 个词的信息熵

词	bayesian analysis	bayesian inference	monte carlo markov chain	g model	phylogenic tree analysis	substitution model	maximum parsimony analysis
熵值	0.871 024	0.832 588	0.703 686	0.606 818	0.427 67	0.565 102	0.357 194
词	maximum likelihood analysis	invariant site	amino acid	gamma distribution	posterior probabilitys	codon position	bayes version
熵值	0.574 507	0.333 063	0.343 391	0.315 678	0.422 909	0.351 325	0.409 268

4.5　引用内容在信息检索中的应用

信息检索指的是从海量信息中查找与检索内容相关信息的过程，文献检索是信息检索的一种，通常指的是研究人员搜索与研究课题最相关的科学文献的过程。当科技工作者做某一课题或写文章时，需要检索一些相关文章作为参考文献。通常人们查找参考文献的首选工具是搜索引擎或科学文献数据库，如 Google、Web of Science、CNKI 等。但随着科学文献数量的迅速增长，从海量数据中找到与人们研究最相关的信息变得越来越困难，通常一个检索主题可以获取成千上万条检索结果。Hunter 和 Cohen[55]在 2006 年的统计中发现，仅在生物医学领域，每天新发表的论文就有 1 800 余篇。面对科学文献如此快速的增长速度，需要采用更快捷的方式来查找相关文献。

随着科学计量学的发展，引文信息也经常被用于文献检索研究中，加入引文信息可以提高文献的检索效率。在文献检索研究中，通常从三个角度来使用引文信息。第一个角度是引文的引用频次，通过文献被引频次来对检索结果进行排序，从而找到最相关的参考文献。第二个角度是基于引文链接，包括文献耦合和文献共被引两种引文链接形式。文献耦合指的是两篇文献包含一篇或多篇相同的参考文献[56]，文献共被引指的是两篇文献同时被另一篇文献所引用[57]。这两种类型的引用都可以揭示两篇文献的内在关系。很多研究引入这种引文链接关系来提高信息检索性能[58-60]。同时，很多主流的搜索引擎，如 CiteSeer 和 Google Scholar 应用这种引文链接关系来对搜索结果进行排序，从而提高搜索准确性。第三个角度是应用引用内容信息来提高文献检索效率，目前已经有一些学者从引文内容角度研究如何提高检索效率[4,61-63]。

引文的引用内容可以提供与引文最直接、最相关的信息，但人们并没有直接应用这些信息来检索参考文献，而是间接利用这些信息来改进传统文献检索系统。其中一个重要原因是缺少全文信息，研究者很难获得一个领域内所有引文的引用内容信息。早期研究主要采用手工方式来抽取引用内容相关信息，例如O'Connor[3-4]在做引用内容研究时，通过手工抽取引用内容中的单个词来对其进行研究。近些年来，随着全文数据库的开放，引用内容的获取也越来越容易，本书第 2 章中已经详细讨论了引用内容的获取过程，并将 PubMed Central 数据库中的所有全文数据存储在数据库中，本章节以此数据库为基础，构建一个基于引用内容的引文检索与推荐系统。此系统的设计目的是希望人们能够通过此检索系统，方便地找到与自己研究最相关、最合适的参考文献。

O'Connor[3-4]提出一篇文章的引用状态可以提供一些关于这篇文章的信息，因此，他从引用内容中抽取出一些线索词，将这些线索词加入引文索引中，进而提高这些引文的检索效率。Bradshaw[62]提出了一种参考文献直接索引（RDI）方法来改进科学文献检索效果。RDI 方法和 O'Connor 的方法类似，也是从引用内容中抽取词来建立索引。RDI 不仅考虑了检索词与文献的关系，还考虑了文献被引用的次数。

Mercer 和 Marco[63]也将引用内容信息加入生物医学文献的检索索引中，进而提高检索效率。他们利用引用内容中的线索词对文献进行分类，然后将这些分类信息加入检索索引中，进而提高检索效率。

本章的检索模型与 RDI 相似，不同之处是将引用内容信息作为检索域，首先检索到与检索词相关的引用句子，其次找到这些句子所对应的参考文献，最后对这些参考文献进行排序，并根据排序结果，将排名靠前的参考文献推荐给用户。

这种检索方法的优势是人们可以通过查看以往一篇文献的引用历史来判定这篇文献的引用价值。

4.5.1 引文检索与推荐系统设计

本章所设计的引文检索与推荐系统包含三个模块，分别是数据处理模块、检索系统模块和检索结果模块（图 4-10）。其中数据处理模块与本书第 2 章中数据采集相同，包含三部分内容：数据采集、引用内容抽取、建立索引。检索系统模块主要是用户交互模块，通过交互界面将用户查找的检索词传到数据库，通过数据库计算，将检索结果提交到检索结果模块，并以网页方式显示。

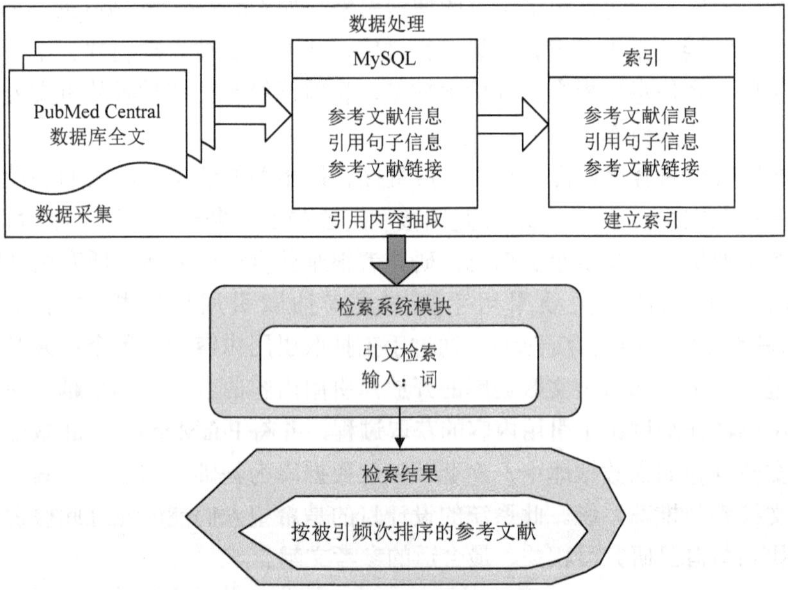

图 4-10　引文检索与推荐系统设计

在检索系统模块中，检索域是引用内容，输入检索词后，系统在引用内容字段中查找是否出现了输入的检索词。建立 17 551 920 个引用内容的索引后，人们可以通过主题词检索的方法来检索引用内容。但检索到的引用内容并不是最终要推荐给用户的结果，需要返回给用户的最终结果应该是这些引用内容所对应的参考文献。每条引用内容对应一篇参考文献，最终按照参考文献频次对结果进行排序。参考文献出现频次越高，说明越多文章在介绍检索的主题词时，引用了这篇参考文献，这篇参考文献被首要推荐给用户。检索到的参考文献都有一个专门的引用链接，通过此链接可以查看这篇参考文献的题目、摘要等信息。图 4-11 是一个检索实例，当检索“lung cancer”时，得到的结果中“Parkin DM，2005，CA Cancer J Clin，V55，P74”排名第一，它被 55 个引用句子所引用，这就意味着“Parkin DM，

2005，CA Cancer J Clin，V55，P74”在关于“lung cancer”的主题上，被引用了 55 次。这篇文章的基本信息可以通过点击这篇文章的链接获得。实际上，“Parkin DM，2005，CA Cancer J Clin，V55，P74”可能在其他主题方面也被引用很多次，本章介绍标签云主题可视化方法时，应用的实例就是这篇文章，通过标签云揭示的引用主题包括癌症致死的原因、各种类型的癌症（如肺癌、乳腺癌、宫颈癌）发病率，以及不同国家和不同性别的癌症发病率等。此处检索到的只是它在“肺癌”这个主题上的被引用情况。

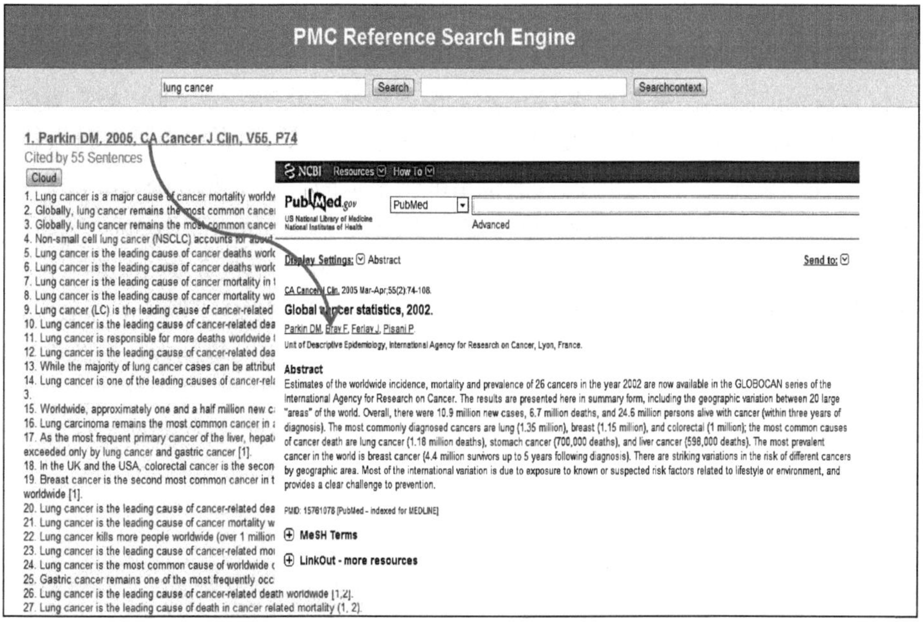

图 4-11　关于“lung cancer”的检索实例

4.5.2　系统测试与结果分析

为了测试本系统的性能，选取了 *BMC Bioinformatics* 期刊 2012 年 12 月份发表的论文作为测试数据，包括 751 条引用内容数据，每条引用内容对应一条参考文献，测试时根据引用内容数据中的主题词，在本测试系统中检索引文，如果可以检索到与引用内容相对应的那篇参考文献，那么视为检索成功。此验证方法的假设前提是测试集中所有的作者都引用了最合适的参考文献。利用人工标出这 751 条引用内容数据中的主题词，每条引用内容抽取出 1～4 个主题词。例如，句子“As a feature of reaction rules，some techniques focus on physicochemical properties and structures”中“physicochemical”、“properties”和“structures”这三个词被抽取出来。抽取出来的主题词将用于检索参考文献。并不是所有的引用内容都包含明确的主题词，例如，句子“It evolves the two different populations within the context of each other”中就没有明确的主题词，而它的主题词可能在它的前后句子中，本研究将这些引用句子从数据集中去除。考虑到参考文献年份可能对检索结果有一定影响，测试时将数据集划分为四个时间段。从每个时间段内随机选择 50 条引用内容及其对应的引文作为测试集。由于早期的著作可能被引频次较多，新发表的论文被引频次较少，所以词检索系统可能会在早期时间段测试中表现出较好的性能。测试时，以引用内容中的主题词为检索词，如果这条引用内容所对应的参考文献出现在检索结果中，并且在排名前十的结果中，此次检索将被设为一次成功检索，否则为失败检索。

检索系统的测试结果如表 4-12 所示。根据参考文献的年份分布，将数据划分为四个时间段，分别是 1973—2000 年、2001—2005 年、2006—2008 年和 2009—2011 年。结果显示，对早期时间段的检索准确率很高，可以达到 68%，这个准确率要比 He 等[64]的 CRM-crosscontext 方法表现还要好。CRM-crosscontex 方法是一个引文推荐方法，其准确率可以达到 42%。2001—2005 年和 2006—2008 年这两个时间段的准确率是相同的，都达到了 60%，比 1973—2000 年低了 8 个百分点，但仍然高于 CRM-crosscontex 方法。对于 2009—2011 年这个时间段，系统性能表现得不是很好，准确率只有 38%。主要原因是这个时间段的参考文献被引频次较少，在本系统的数据库中也很难检索到。整体来看，此系统的平均准确率为 56.5%，表现出较好的检索性能。

表 4-12　检索系统测试结果

项目	1973—2000 年	2001—2005 年	2006—2008 年	2009—2011 年	总数/平均
成功/个	34	30	30	19	113
不成功/个	16	20	20	31	87
准确率/%	68	60	60	38	56.5

为了进一步验证此检索方法的有效性，采用 Google Scholar 和 PubMed 对测试集中的 200 个样例进行检索，通过对比分析揭示出基于引用内容检索方式的优缺点。

Google Scholar 是目前科研工作者查找文献的首选工具，它能够帮助用户查找包括期刊论文、学位论文、书籍、预印本、文摘和技术报告在内的学术文献，内容涵盖自然科学、人文科学、社会科学等多种学科，其检索优势在于它不仅可以从主题相关度来查找相关文献，而且可以从全文中检索相关信息，同时将引用信息也考虑在检索结果排名中，使检索结果更精确。

PubMed 数据库是生物医学专业数据库，收录的期刊也多为生物医学类期刊，而本书所采用的 PubMed Central 数据库是 PubMed 数据库的一个子库，PubMed

Central 收录的是 PubMed 数据库中带有全文信息的期刊数据。在本研究所设计的基于引用内容的检索系统中，涉及的参考文献也多来自生物医学领域，因此，本研究也将 PubMed 数据库作为对比测试数据库。

在对 Google Scholar 和 PubMed 数据库进行检索测试时，与引用内容检索采用的数据集和检索方式完全相同，数据样本也是四个时间段，检索词与引用内容检索时采用的检索词相同，在 Google Scholar 中检索时，检索成功与否的判别方法也与引用内容检索类似，将检索结果按照相关性排序，排名前 10 的文献中如果找到与这个引用内容相对应的参考文献，那么检索成功，否则检索失败。在对 PubMed 数据库进行检索时，采用主题检索方式，但检索结果没有排序功能，因此，只要在检索结果中找到与引用内容相对应的参考文献，就视为检索成功。

表 4-13 和表 4-14 分别列出了基于 Google Scholar 和 PubMed 数据库检索的测试结果，从整体检索效率来看，Google Scholar 和 PubMed 数据库得到的准确率分别为 44%和 13%，都低于直接采用引用内容进行检索的检索准确率，尤其在 PubMed 数据库中，检索准确率只有 13%。在测试过程中发现，PubMed 数据库之所以准确率很低，主要有两方面原因：一是有些引用内容所对应的参考文献为会议文献，PubMed 数据库并没有收录，因此检索不到相关结果；二是 PubMed 数据库中的检索方式是在标题和摘要中检索，而引用内容的主题词可能没有明确体现在参考文献的标题或摘要中，从而导致检索失败。

表 4-13　Google Scholar 检索测试结果

项目	1973—2000 年	2001—2005 年	2006—2008 年	2009—2011 年	总数/平均
成功/个	21	13	24	30	88
不成功/个	29	37	26	20	112
准确率/%	42	26	48	60	44

表 4-14　PubMed 检索测试结果

项目	1973—2000 年	2001—2005 年	2006—2008 年	2009—2011 年	总数/平均
成功/个	8	4	5	9	26
不成功/个	42	46	45	41	174
准确率/%	16	8	10	18	13

在 Google Scholar 检索测试时，四个时间段中前三个时间段的检索准确率都低于本实验所设计的检索系统，但在 2009—2011 年时间段中，Google Scholar 的表现要明显优于本实验设计的检索系统，主要原因是此时间段内的数据被引频次普遍较低，在实验所设计的系统中较难检索到，而 Google Scholar 检索时，不仅考虑到引用信息，还从文章主题和全文角度检索，而较新的文献中提出的新的方

法和理论也比较容易被检索到。

对比表 4-12 和表 4-13 中检索成功的实例总数分别为 113 和 88，在具体测试过程中发现，Google Scholar 检索成功的实例并不一定能在本研究设计的系统中检索成功，通过统计在两个检索系统中都检索成功的实例数，得到 63 条引用内容在这两个系统中都检索成功，说明本实验设计的引用内容检索系统检索到的 113 条成功实例中有 50 条在 Google Scholar 中检索不到对应参考文献，而在 Google Scholar 中检索成功的 88 条实例中，有 25 条在本研究设计的检索系统中是找不到对应参考文献的。

表 4-15 中列出本实验设计的检索系统中的 10 个检索成功的实例，包括检索主题词、与主题词对应的参考文献以及参考文献在检索结果中的频次。同时，这些参考文献在检索结果排序中都排名第一。从表 4-15 中可以看出，这些成功的检索都是关于一些方法或工具的检索，同时一些高被引的结论也被成功检索到。例如，文章“Han JD，2004，Nature，V430，P88”按照主题词“Data party hubs”被检索到，这篇文章在这个主题上被引用了 100 次。

表 4-15　10 个检索成功实例

主题词	参考文献	频次
Weblogo	Crooks GE，2004，Genome research，V14，P1188	376
Date party hubs	Han JD，2004，Nature，V430，P88	100
BiMax	Prelic A，2006，Bioinformatics，V22，P1122	40
PredictNLS	Cokol M，2000，EMBO Rep，V1，P411	20
SVMLight	Joachims T，1999，Making large-scale SVM learning practical	11
Bron-Kerbosch algorithm	Bron C，1973，Commun ACM，V16，P575	10
Amino acid compositions	Hua S，2001，Bioinformatics，V17，P721	7
PMSprune	Davila J，2007，TCBB，V4，P544	6
APBioNet	Tan TW，2010，BMC Genomics，V11，PS27	5
ChemicalTagger	Hawizy L，2011，J Cheminf，V3，P17	4

虽然有些引用内容有明确主题，但没有成功检索到原文中使用的参考文献，这并不意味着此系统的检索结果不适合这个主题。表4-16是三个检索失败的案例，其中列出了关于同一主题在测试集中使用的参考文献与检索系统中推荐的参考文献比较。在测试集中关于主题“LIBSVM”使用的是参考文献“Chang CC，2011，ACM Trans. Intell. Syst. Technol，V2”，而检索系统推荐的是另一篇 Chang 发表于 2001 年的文章。推荐的这篇文章在“LIBSVM”这个主题上被引用了 34 次，而测试集中使用的参考文献在“LIBSVM”这个主题上只被引用过 3 次。对于主题

“BLAST e-value”的检索，测试集中的参考文献是 Karlin 的一篇论文，但这篇论文在这个主题上只被引用过一次，而系统推荐的参考文献在这个主题上被引用了 66 次。所以系统推荐的检索结果有可能具有更好的参考价值。当研究人员需要查找某一课题相关的文章时，他们不可能阅读到所有相关的文章，而此系统的设计，是基于其他作者的行为意识来推荐参考文献的，虽然很难对最新发表的文献进行推荐，但这种推荐系统仍然可以为人们提供一些重要的参考信息。

表 4-16　原始参考文献与检索到的参考文献比较

<table>
<tr><th>主题词</th><th>来源</th><th>参考文献</th><th>频次</th></tr>
<tr><td rowspan="2">LIBSVM</td><td>测试集</td><td>Chang CC，2011，ACM Trans. Intell. Syst. Technol，V2</td><td>3</td></tr>
<tr><td>检索结果</td><td>Chang CC，2001，LIBSVM: a library for support vector machines</td><td>34</td></tr>
<tr><td rowspan="2">Graphviz</td><td>测试集</td><td>Ellson J，2001，Lecture Notes in Computer Science Springer-Verlag，P483</td><td>0</td></tr>
<tr><td>检索结果</td><td>Ellson J，2003，Graph Drawing Software，P127</td><td>5</td></tr>
<tr><td rowspan="2">BLAST e-value</td><td>测试集</td><td>Karlin S，1990，Proceedings of the National Academy of Sciences of the United States of America，V87，P2264</td><td>1</td></tr>
<tr><td>检索结果</td><td>Altschul SF，1990，J Mol Biol，V215，P403</td><td>66</td></tr>
</table>

本章节设计了一个基于引用内容的医学文献检索与推荐系统，通过查询与检索词相关的引用内容来推荐参考文献。结果显示，此检索系统在对早期文献或高被引文献进行检索时，可以表现出很好的性能，同时在检索一些关于工具或方法文献时，也可以准确地检索到相应的参考文献。因此，此系统可以很好地检索某一领域内的一些基础文章和经典文章。但由于系统的检索域是引用内容，针对被引频次较少的文章，它们的引用内容信息也很少，很难在系统中检索到。

通过对比 Google Scholar 和 PubMed 数据库中的检索效果发现，本章设计的检索系统的检索准确性要比 Google Scholar 和 PubMed 数据库检索准确性都高，但 Google Scholar 与本章设计的检索系统具有较多互补性。例如，在 2009—2011 年这个时间段测试时，本检索系统的检索效果较差，而 Google Scholar 检索效果要明显优于本实验所设计的系统，此外，在本实验检索系统中检索失败的实例中，有较多可以在 Google Scholar 中检索到。从结果可以看出，引用内容在科学文献检索中具有很好的潜在应用性。

本实验中检索系统的设计，是基于 PubMed Central 数据库所提供的大量全文数据来实现的，大部分数据库没有提供给用户这些数据。因此，此检索系统目前只适用于生物医学领域的文献推荐。随着信息科学的发展，当其他领域可以提供全文数据库时，这种检索模式也可以在这些领域得到应用。

参考文献

[1] SMALL H. Citation context analysis[J]. Progress in Communication Sciences, 1982(3): 287-310.

[2] WHITE H D. Citation analysis and discourse analysis revisited[J]. Applied Linguistics, 2004,25(1): 89-116.

[3] O'CONNER J. Biomedical citing statements: Computer recognition and use to aid full-text retrieval[J]. Information Processing & Management, 1983,19(6): 361-368.

[4] O'CONNOR J. Citing statements: Computer recognition and use to improve retrieval[J]. Information Processing & Management, 1982,18(3): 125-131.

[5] REES-POTTER L K. Dynamic thesaural systems: A bibliometric study of terminological and conceptual change in sociology and economics with application to the design of dynamic thesaural systems[J]. Information Processing & Management, 1989,25(6): 677-689.

[6] SMALL H. Cited documents as concept symbols[J]. Social Studies of Science, 1978,8(3): 327-340.

[7] SMALL H. The synthesis of specialty narratives from co-citation clusters[J]. Journal of the American Society for Information Science, 1986,37(3): 97-110.

[8] SMALL H. Co-citation context analysis: The relationship between bibliometric structure and knowledge[C]. Proceedings of the ASIS Annual Meeting. Medford: Information Today, 1979:270-275.

[9] GARFIELD E. Can citation indexing be automated[C]//Statistical Association Methods for Mechanized Documentation, Symposium Proceedings. Washington National Bureau of standards, 1964:189-192.

[10] GARFIELD E, MERTON R K. Citation indexing: Its theory and application in science, technology, and humanities[M]. New York:Wiley, 1979.

[11] BAIRD L M, OPPENHEIM C. Do citations matter?[J]. Journal of Information Science, 1994,20(1): 2-15.

[12] CASE D O, HIGGINS G M. How can we investigate citation behavior? A study of reasons for citing literature in communication[J]. Journal of the American Society for Information Science, 2000,51(7): 635-645.

[13] DI MARCO C, KROON F W, MERCER R E. Using hedges to classify citations in scientific articles[C]// Computing Attitude and Affect in Text: Theory and Applications Dordrecht: Springer, 2006:247-263.

[14] HODGES T. Citation indexing-its theory and application in science, technology, and humanities[D]. Berkeley: University of California at Berkeley, 1972.

[15] BROOKS T A. Private acts and public objects: An investigation of citer motivations[J]. Journal of the American Society for Information Science, 1985,36(4): 223-229.

[16] CHUBIN D E, MOUTRA S D. Content analysis of references: Adjunct or alternative to citation counting?[J]. Social Studies of Science, 1975,5(4): 423-441.

[17] LIU M. A study of citing motivation of Chinese scientists[J]. Journal of Information Science, 1993,19(1): 13-23.

[18] WEINSTOCK M. Citation indexes[J]. Encyclopedia of Library and Information Science, 1971, 5:16-41.

[19] SIDDHARTHAN A, TEUFEL S. Whose idea was this, and why does it matter? attributing scientific work to citations[C]//Proceedings of NAACL/HLT-07. Rochester:Assocition for Computational Linguistics, 2007: 316-323.

[20] SPIEGEL-RÖSING I. Science studies: Bibliometric and content analysis[J]. Social Studies of Science, 1977, 7(1): 97-113.

[21] TEUFEL S, SIDDHARTHAN A, TIDHAR D. Automatic classification of citation function[C]//Proceedings of the 2006 Conference on Empirical Methods in Natural Language Processing. Sydney: Association for Computational Linguistics, 2006:103-110.

[22] SWALES J. Genre analysis: English in academic and research settings[M]. New York: Cambridge University Press, 1990.

[23] MCCAIN K W, TURNER K. Citation context analysis and aging patterns of journal articles in molecular genetics[J]. Scientometrics, 1989,17(1): 127-163.

[24] NANBA H, OKUMURA M. Automatic detection of survey articles[C]//Research and Advanced Technology for Digital Libraries. Vienna: Springer, 2005:391-401.

[25] NANBA H, ABEKAWA T, OKUMURA M, et al. Bilingual presri: Integration of multiple research paper databases[C]//Proceedings of RIAO. Avignon:CID,2004: 195-211.

[26] NANBA H, KANDO N, OKUMURA M. Classification of research papers using citation links and citation types: Towards automatic review article generation[J]. Advances in Classification Research Online, 2011,11(1): 117-134.

[27] MEI Q, ZHAI C. Generating impact-based summaries for scientific literature[C]//Proceedings of ACL-08. Columbus: HLT, 2008: 816-824.

[28] MOHAMMAD S, DORR B, EGAN M, et al. Using citations to generate surveys of scientific paradigms[C]// Proceedings of Human Language Technologies: The 2009 Annual Conference of the North American Chapter of the Association for Computational Linguistics. Boulder: Association for Computational Linguistics, 2009:584-592.

[29] ELKISS A, SHEN S, FADER A, et al. Blind men and elephants: What do citation summaries tell us about a research article?[J]. Journal of the American Society for Information Science and Technology, 2008,59(1): 51-62.

[30] CHANG Y-W. A comparison of citation contexts between natural sciences and social sciences and humanities[J]. Scientometrics, 2013,96(2): 535-553.

[31] BLEI D M, NG A Y, JORDAN M I. Latent dirichlet allocation[J]. the Journal of Machine Learning Research, 2003, 3: 993-1022.

[32] PRITCHARD J K, STEPHENS M, DONNELLY P. Inference of population structure using multilocus genotype data[J]. Genetics, 2000,155(2): 945-959.

[33] TEH Y W, JORDAN M I, BEAL M J, et al. Hierarchical dirichlet processes[J]. Journal of the American Statistical Association, 2006,101(476): 1566-1581.

[34] HALVEY M J, KEANE M T. An assessment of tag presentation techniques[C]//Proceedings of the 16th International Conference on World Wide Web. Alberta: ACM, 2007: 1313-1314.

[35] DE MIRANDA SANTO M, COELHO G M, DOS SANTOS D M. Text mining as a valuable tool in foresight exercises: A study on nanotechnology[J]. Technological Forecasting and Social Change, 2006,73(8): 1013-1027.

[36] JANSSENS F, GLANZEL W, DE MOOR B. Dynamic hybrid clustering of bioinformatics by incorporating text mining and citation analysis[C]//Proceedings of the 13th ACM SIGKDD International Conference on Knowledge Discovery and Data Mining. San Jose: ACM, 2007:360-369.

[37] KOSTOFF R N, DEL RIO J A, HUMENIK J A, et al. Citation mining: Integrating text mining and bibliometrics for research user profiling[J]. Journal of the American Society for Information Science and Technology, 2001,52(13): 1148-1156.

[38] BHATTACHARYA I, GETOOR L. A latent dirichlet model for unsupervised entity resolution[C]//Proceeding of the sixth SIAM International Conference on Data Mining. Bethesda:SIAM, 2006:47-58.

[39] BLEI D M, LAFFERTY J D. A correlated topic model of science[J]. The Annals of Applied Statistics, 2007,1(1): 17-35.

[40] HOFMANN T. Probabilistic latent semantic analysis[C]//Proceedings of the Fifteenth Conference on Uncertainty in Artificial Intelligence. Morgan Kaufmann: AUAI, 1999:289-296.

[41] GRIFFITHS T L, STEYVERS M. Finding scientific topics[J]. Proceedings of the National Academy of Sciences of the United States of America, 2004,101(Suppl 1): 5228-5235.

[42] ROSEN-ZVI M, GRIFFITHS T, STEYVERS M, et al. The author-topic model for authors and documents[C]//

Proceedings of the 20th Conference on Uncertainty in Artificial Intelligence. Banff: AUAI, 2004:487-494.

[43] BLEI D M, LAFFERTY J D. Dynamic topic models[C]//Proceedings of the 23rd International Conference on Machine Learning. Pittsburgh: ACM, 2006:113-120.

[44] RAMAGE D, HALL D, NALLAPATI R, et al. Labeled LDA: A supervised topic model for credit attribution in multi-labeled corpora[C]//Proceedings of the 2009 Conference on Empirical Methods in Natural Language Processing. Singapore: Association for Computational Linguistics, 2009:248-256.

[45] PEROTTE A, BARTLETT N, ELHADAD N, et al. Hierarchically supervised latent dirichlet allocation[C]// Twenty-Fifth Annual Conference on Neural Information Processing Systems. Granada: NIPS, 2011:12-15.

[46] PHAN X-H, NGUYEN L-M, HORIGUCHI S. Learning to classify short and sparse text & web with hidden topics from large-scale data collections[C]//Proceedings of the 17th International Conference on World Wide Web. Beijing: ACM, 2008:91-100.

[47] DING Y. Topic-based PageRank on author cocitation networks[J]. Journal of the American Society for Information Science and Technology, 2011,62(3): 449-466.

[48] KLEINBERG J. Bursty and hierarchical structure in streams[J]. Data Mining and Knowledge Discovery, 2003,7(4): 373-397.

[49] RONQUIST F, HUELSENBECK J P. MrBayes 3: Bayesian phylogenetic inference under mixed models[J]. Bioinformatics, 2003,19(12): 1572-1574.

[50] WANG X, MCCALLUM A. A note on topical n-grams[R]. DTIC Document, 2005.

[51] CHURCH K W. A stochastic parts program and noun phrase parser for unrestricted text[C]//Proceedings of the Second Conference on Applied Natural Language Processing. Austin: Association for Computational Linguistics, 1988:136-143.

[52] SOON W M, NG H T, LIM D C Y. A machine learning approach to coreference resolution of noun phrases[J]. Computational Linguistics, 2001,27(4): 521-544.

[53] TOUTANOVA K, MANNING C D. Enriching the knowledge sources used in a maximum entropy part-of-speech tagger[C]//Proceedings of the 2000 Joint Sigdat Conference on Empirical Methods in Natural Language Processing and Very Large Corpora. Hong Kong: Association for Computational Linguistics, 2000:63-70.

[54] SHANNON C E. A mathematical theory of communication[J]. Bell System Technical Journal, 1948(27): 379-423.

[55] HUNTER L, COHEN K. Biomedical language processing: What's beyond pubmed?[J]. Molecular Cell, 2006,21(5): 589-594.

[56] KESSLER M M. Bibliographic coupling between scientific papers[J]. American Documentation, 1963,14(1): 10-25.

[57] SMALL H. Co-citation in the scientific literature: A new measure of the relationship between two documents[J]. Journal of the American Society for Information Science and Technology, 1973,24(4): 265-269.

[58] ETO M. Evaluations of context-based co-citation searching[J]. Scientometrics, 2013,94(2): 651-673.

[59] NANBA H, KANDO N, OKUMURA M. Classification of research papers using citation links and citation types: Towards automatic review article generation[C]//Proceedings of the American Society for Information Science. Chicago: ASIS, 2000:117-134.

[60] PAO M L. Term and citation retrieval: A field study[J]. Information Processing and Management, 1993,29(1): 95-112.

[61] NAKOV P I, SCHWARTZ A S, HEARST M. Citances: Citation sentences for semantic analysis of bioscience text[C]//Proceedings of the SIGIR'04 workshop on Search and Discovery in Bioinformatics. Sheffield: ACM, 2004:81-88.

[62] BRADSHAW S. Reference directed indexing: Redeeming relevance for subject search in citation indexes[C]//Proceedings of the 7th European Conference on Digital Libraries. Trondheim: Springer, 2003:499-510.

[63] MERCER R E, MARCO C D. A design methodology for a biomedical literature indexing tool using the rhetoric of science[C]//BioLink Workshop in Conjunction with NAACL/HLT. Boston: Association for Computational Linguistics, 2004:77-84.

[64] HE Q, PEI J, KIFER D. Context-aware citation recommendation[C]//The 19th International World Wide Web Conference. Raleigh: IW3C2, 2010:421-430.

第 5 章　基于引用内容的科技论文评价

科技论文评价是科研评价中的一项重要任务，随着网络技术的发展以及数据资源的开放，科技论文的评价模式也在不断创新，尤其基于论文全文的评价及 Altmetrics（替代计量学）指标的评价，使科技论文评价结果更精确。本章通过对国内外科技论文评价相关研究文献进行梳理，归纳出科技论文评价指标与方法的演变历程。同时，通过对各类评价指标及方法的优缺点总结，提出目前科技论文评价中亟待解决的问题及挑战。

本章针对以往单篇论文评价时采用引用频次作为主要评价指标的弊端，提出了将引用内容与引用频次相结合的论文质量评价方法。首先，从引用性质、引用功能和引用强度三个角度构建引用内容的评价指标，其中引用性质评价是通过对引用内容中的情感词分析来实现，引用功能评价借助机器学习方法来完成，引用强度评价包括引用位置强度和引用频次强度两个评价指标。其次，将引用内容评价指标与传统科技论文评价指标相结合，构建完整的单篇论文质量评价指标体系。最后，构建一个基于 PubMed Central 全文数据库的单篇论文质量评价平台。本章将构建一套基于引用内容信息的单篇论文质量评价指标体系，这既能丰富科技论文评价的理论，又对科研人员绩效评价具有重要的现实意义。

5.1　科技论文评价研究

科技论文是科研活动产出的最基础的表现方式，对科技论文的评价研究也是科研评价中的一项重要任务。早期的论文评价基本采用同行评议方式来实现，随着信息时代的到来，论文数量以指数级增长速度在爆发，同行评议方式已无法满足论文评价需求，人们不断探索一些客观评价指标来对论文进行评价，其中期刊影响因子和论文被引频次一直是论文评价中使用最广泛的两个指标。但是在人们长期的科研评价实践过程中发现，这两个指标在评价科技论文上仍存在一些弊端，进而又提出一系列改进指标。

随着信息技术的发展以及数据库资源的完善，对科技论文的评价也呈现出多角度评价指标，包括基于论文内容信息的论文评价指标、基于引用内容信息的论文评价指标、基于引文网络的论文评价指标、基于社会影响力的论文评价指标等。同时，在评价工具与方法方面也表现出多样性，包括层次分析法、PageRank、模糊评价、神经网络等。

虽然科技论文评价指标较多，但目前仍没有统一评价标准。因此，本章节将对各个科技论文评价指标的产生背景、评价原理及优缺点进行梳理，提出科技论文评价中所要解决的主要问题及挑战，期望能为相关科研评价人员提供一定理论依据。

5.1.1 科技论文评价指标发展历程

1. 基于引用频次和期刊影响因子的论文评价指标

论文被引频次指标最早由加菲尔德（Garfield）在 1955 年发表的论文《科学引文索引：文献学中贯穿观念联系的一个新维度》[1]中提出，自 Zunde[2]于 1971 年提出引文的功能具有科技评价作用后，人们也逐渐采用引用频次指标作为论文重要性的评价标准，其中 Virgo[3]在 1977 年验证了论文被引频次与其重要性的正相关关系，并指出论文被引频次可以作为论文评价的指标。

期刊影响因子指标是在 1976 年美国科学情报信息研究所出版的《期刊引文报告》中提出，主要用于评价期刊的影响力和重要性，其计算公式为

$$\mathrm{IF}_k = \frac{n_{k-1} + n_{k-2}}{N_{k-1} + N_{k-2}}$$

式中，IF_k 表示某期刊在 k 年的影响因子；n_{k-1} 和 n_{k-2} 分别表示该期刊在 k−1 年和 k−2 年发表的论文在 k 年的被引频次；N_{k-1} 和 N_{k-2} 分别表示该期刊在 k−1 年和 k−2 年刊载的论文数量。

虽然期刊影响因子指标的计算过程中使用了论文的被引频次指标，但在使用期刊影响因子来评价单篇论文时，仍然存在较多不足。已有的研究表明，期刊影响因子的高低并不代表其刊载的所有论文被引量的高低，期刊影响因子值与刊载的每篇论文的被引量之间并无正相关关系[4-5]。虽然引用频次可以作为论文评价的重要指标，但引用过程中存在引用动机复杂、引文不规范等问题，且不同学科的引用模式不同，仅从引用频次判别论文质量不够精确[6-7]。

2. 基于引文网络的论文评价指标

除了引用频次外，引用网络也常常被用来对论文进行评价，其中使用最多的网络指标是 PageRank 指标和社会网络分析指标，此外还有一些基于引用关系结构产生的评价指标。

PageRank 是 Google 创始人拉里 · 佩奇和谢尔盖 · 布林于 1997 年构建早期的搜索系统原型时提出的链接分析算法，是 Google 用来标识网页的等级/重要性的一种方法。它的基本假设是：从网页 A 指向网页 B 的超链接是网页 A 对网页 B 的推荐或认可；一个网页被链接次数越多，该网页越重要；不同链接体现的认可程

度不等价；一个网页的重要性被均匀分布并传递给它所链接的网页。基于以上假设，人们将论文间的引用关系视为网页间的链接关系，一篇文章的重要程度也等同地传递到它所引用的所有参考文献中，同时每次引用的价值也并不相同，由此保证了 PageRank 算法使用的基本条件。在具体进行论文重要性评价时，还需要加入一些其他要素来保证评价结果的准确性，如时间影响因素和期刊影响因子等[8-10]。

社会网络分析已经成为引文分析中的一种常见方法，社会网络分析软件 Ucinet、Pajek 等已经广泛应用于引文网络分析，因此，社会网络中的一些指标也被用来测度引文网络中节点的重要性，常见的网络指标包括度中心性、中介中心性、结构洞约束系数等[11]。其中，度中心性主要是根据网络中节点所占据的资源数量来揭示其影响力，而中介中心性和结构洞约束系数都是通过网络中知识流量控制能力来判断节点的重要性，这些社会网络指标都只是从单方面判别引文网络中节点的重要性，具体应用时，仍然需要结合被引频次等其他指标进行系统性评价。

除了 PageRank 指标和社会网络分析指标外，人们还基于单向引文网络结构提出一些评价指标，其中王凌峰和张泽玺[12]提出的 Hi 指标、Fragkiadaki 等[13]提出的 f-Value 指标都是基于多层网络划分所得到的指标，他们将引用关系划分为直接引用和间接引用，其中间接引用又划分成多个层次的引用，并对不同层次上的引用赋予不同的权重，进而得到比单独引用频次评价更精确的评价结果。此外，纪雪梅等[14]提出的权力指数指标和韩毅等[15]提出的 ID 指数指标，除了考虑网络层次结构外，还将网络结构与社会网络分析指标相结合，得到更合理的论文评价指标。

3. 基于引用内容的论文评价指标

人们在使用引用频次对论文进行评价时，隐含的假设是人们在每篇论文中对同一篇论文的引用价值都是等同的。但由于论文引用过程中施引作者的引用动机不同且引用情境复杂，每次引用的价值也可能不同，人们也通过实证研究验证了不同引文的引用价值存在差异性[16]。2014 年 10 月 *Nature* 杂志连续刊载两篇高被引现象研究的论文，研究结果发现最高被引论文并不一定具有最高影响力或是最重要的论文，很多诺贝尔奖获得者的论文都没有进入高被引之列[17-18]。因此，采用引文频次来评价科技论文价值时，受到很多争议。

我国部分科技评价体系已经开始考虑引文数据间的差异。例如，国家自然科学奖评价指标中明确规定“主要学术思想和观点被他人认可的情况是指他人在正式发表的科学论文、专著、教材中正面引用完成人提出的学术思想、观点、方法，或被有关实验、实践所证实的情况”[19]；教育部高等学校科学技术奖评价指标体系中的“高等学校自然科学奖评价指标”直接将指标定义为“论文被人正面引用的情况”，并以“正面引用，不含负面引用和自引”进行进一步的诠释。

以引用内容为基础的论文评价主要分为两方面：一方面是根据引用内容的功能、主题、情感倾向等对论文进行评价，另一方面是根据引用内容在文章中出现的位置及出现次数对论文进行评价。

（1）基于引用文本内容的评价研究

Anderson 和 Sun[20]在 2010 年使用引用内容分析了组织学习领域中 Walsh 和 Ungson 发表的一篇经典文章，分析结果包括这篇文章具体有哪些知识被人们引用了、哪些知识对以后的研究具有重大影响以及哪些知识被人们所批判，这些分析结果都是对这篇经典文献的综合评价，而这些评价结果是无法单纯通过引用频次来揭示的。Chang[21]也采用类似的方法分析了 Taylor 在 1968 年发表的一篇论文 *Question-Negotiation and Information-Seeking in Libraries* 的学术影响，包括这篇文章的哪些概念影响力最大、影响的主题包括哪些以及这篇文章在被引文献中的作用。

国内学者在评价论文时，越来越重视论文的引用内容。但由于我国缺少可以提供引用内容信息的数据库，所以对于应用引用内容进行引文评价的研究多从定性角度进行分析。王岚[22]和赵青[23]基于引用内容，调查分析文学学科中引文的引用性质和引用深度，其中引用性质包括正面引用、中性引用和负面引用，引用深度包括深度引用、中度引用和浅度引用。张微[24]提出科技论文评价需要综合考虑论文的收录系统、引用率和引用深度，其中引用深度主要依据引用内容来判别，他将这三个指标结合在一起构成一个综合性评价指标。刘盛博等[25]曾以 PubMed Central 数据库为基础，将引用内容性质划分为三类，分别是正面引用、负面引用和中性引用，并采用线索词方法来判别引用内容的归属类别，最后设计出基于引用内容的论文评价平台，实现的基本功能包括论文引用内容的检索和评价。Wan 和 Liu[16]将引用内容划分为不同引用强度，采用人工标注方法对计算机科学领域 40 篇文献的 820 个引用内容的引用强度进行了标注，并采用 LIBSVM 工具对引用强度进行自动评估。

（2）基于引用位置的评价研究

除了直接对引用内容进行分析外，一篇论文在施引文献中出现的位置和出现次数也能反映出被引论文的质量。常用的位置划分方式是引言、方法、结论、讨论[26-27]，Maricic 等[28]认为方法和结论部分引文最重要，讨论次之，引言中的引文最不重要。Sombatsompop 等[29]在对论文质量进行评价研究时，提出引用位置影响因子指标，即引文在施引文献中不同位置上出现的次数与施引文献总数的比值，他们将这一指标应用于泰国论文质量评价。Hou 等[30]也通过引文在文献中具体被引次数，改进传统影响因子计算方法。

我国学者陈晓丽[31]提出采用引文力度和引文深度角度对引文进行评价，其中引文力度指标主要通过分析引用内容来获取，引用深度指标是根据引文表面被引次数来决定的，所谓表面被引次数指的是一篇引文在同一文献中被反复引用的次数。引文表面被引次数需要深入文献内容才可以获取，它所揭示的是一篇引文与施引文献的相关程度。

4. 基于社会影响力指标的论文评价

基于引文的论文评价主要是从论文的学术影响力角度对论文进行评价，而针对那些零被引论文或者近期发表的被引频次较低的论文，则无法使用论文引用情况来评价。因此，人们提出采用论文社会影响力评价方式来评价论文的短期影响力[32]。论文的社会影响力评价指标主要侧重评价科学论文在多种类型的社会舆论媒体、网络社交媒体和网络学术工具上的影响力，目前主要通过 Altmetrics 指标来计算。Altmetrics 是 web 2.0 环境下兴起的一种可以揭示论文社会影响力的计量学指标，国内文献将其称为“替代计量学”或“选择计量学”“补充计量学”等[33-35]，在 *Nature* 杂志上已有多篇文章提出 Altmetrics 指标的评价作用[36-37]，其中论文的使用量、浏览量、下载量、社会网络链接数、相关新闻报道、评论等都是评价论文社会影响力的重要指标。已有研究表明，Altmetrics 指标中的 Twitter 讨论数量与论文被引频次具有正相关关系[38-39]，证明了 Twitter 讨论数量指标在论文评价中的适用性。但也有科学家认为 Altmetrics 用于评价科学家还为时尚早，如 *Nature* 发表的另一篇与 Altmetrics 相关的文章认为这些指标有很多不可靠性[40]，如文章下载次数、被社交媒体提到和分享的次数等指标缺乏权威性和可靠性，有的人甚至可以多注册几个账户来重复推荐和分享。

5.1.2　科技论文评价方法

科技论文质量评价包括对论文质量的定性评价和定量评价。定性评价主要采用同行评议方法对论文的创新性、科学性、实用性等论文内部指标进行评价，目前生物医学领域的 F1000 评价系统在科技论文定性评价方面较具影响力。在定量评价方面，评价因素既包括论文基金资助、参考文献数量、合作规模等内部因素，又包括论文发表期刊的影响力、被引频次等外部因素。

目前科技论文定量评价指标可分为单指标评价和综合指标评价两类。

1. 单指标评价方法

前文中介绍的论文被引频次、期刊影响因子、基于 PageRank 算法改进得到的 PrestigeRank 方法、基于网络结构的 Hi 指数计算方法、权利指数计算方法以及社会网络中个体指标评价方法等都是单指标评价方法。除此之外，还有很多单指标论文评价方法，其中影响力最大的是 2009 年 Schubert[41]在 Hirsch 的 H 指数基础上，提出的单篇论文 h 指数指标，该指标评价方法也被人们称为 Schubert H 指数法，其计算方法为：如果引用论文 P 的所有论文中，有 n 篇论文每篇至少被引用

了 n 次，那么论文 P 的 h 指数就为 n。该 h 指数计算方法的主要优点是它综合考虑了单篇论文的被引次数以及所有引用该论文的其他论文的被引情况，既能体现出单篇论文的直接影响力，又能反映单篇论文的间接影响力。该指标的局限性也比较明显，它只适合评价高被引论文[42]。我国学者邱均平等[43]优化了影响因子和引用频次，提出了论文质量指数 PQI 指标，该指数不仅同时考虑了影响因子和引用频次指标，还利用学科平均影响因子和学科平均被引频次对两个指标进行了学科标准化处理，消除了学科差异化影响。

2. 综合指标评价方法

科技论文质量的综合指标评价方法包括论文内部要素指标综合评价、论文外部要素指标综合评价和内部要素与外部要素相结合的综合评价，其中内部要素包括论文的内容选题及创新性、合作情况、参考文献数量与质量、基金情况等，外部要素包括论文被引用情况，期刊影响因子，论文被下载、浏览、收录情况等。对论文内部要素指标综合评价的研究较少，吕志军等[44]采用层次分析法与模糊综合评价方法相结合，将论文的选题、综述、创新性等指标结合在一起，构建论文评价的综合指标。人们对论文外部要素指标综合评价研究较多，如郭丽芳[45]基于期刊影响因子、论文总被引次数和论文他引次数三个指标构建了学术论文质量评价体系；金晶等[46]基于他引量、刊物影响因子等构建论文综合评价体系并应用 TOPSIS 和因子分析生成的综合评价值来评价论文质量；Sombatsompop 等[29]提出引用位置影响因子指标，并将其与文章影响因子、期刊影响因子相结合，构成引文评价的综合评价指标。近年来，随着社交媒体的发展，人们也将论文的下载量、浏览量、收藏量、点击率等网络采集指标与引用量相结合，构成科技论文的综合评价指标，并通过实证分析和统计检验方法，验证了此方法可以得到较好的评价效果[47-49]。在综合论文内部要素与外部要素方面，张玉华等[50]早在 2004 年就提出了应从多指标综合评价角度对论文进行评价，指标包括期刊文献类型、期刊影响力、国际显示度、合作规模、引用情况、下载情况等。林德明和姜磊[51]将社会网络指标与论文内部指标、外部指标相结合，构建了单篇论文综合评价指标体系，并采用专家问卷调查方法对各个指标权重进行赋值，通过对医学领域四篇高被引论文的实证分析，验证了此指标体系的合理性。

5.1.3　科技论文评价中的问题与挑战

对科技论文评价的指标和方法综述发现，虽然人们从不同角度提出很多论文评价的指标与方法，但每种方法都有其局限性，人们需要根据评价目的来选择不同的评价方法。若需评价论文的长期影响力，则需要多借助引用频次指标；若需评价论文的短期影响力，则多采用下载量、转载量等实时社会影响力指标。

目前的各种评价指标与方法已经可以基本满足人们不同的论文评价需求，但从论文综合评价角度来看，仍然存在一些问题有待解决。

1. 缺少将引用内容评价与传统论文评价相结合的论文学术评价综合指标体系研究

传统的论文学术质量评价指标体系并未考虑引用内容因素，而在引用内容的评价指标研究中，多从引用内容的单方面提出评价指标，如引用力度评价指标、引用性质评价指标、引用深度评价指标等，没有将引用内容评价指标与传统论文评价指标相结合，形成综合的论文质量评价指标体系。

实现引用内容评价与传统论文评价相结合的难点在于引用内容信息获取与其他论文评价指标信息获取的同步性。引用内容的获取只能来源于全文数据库，而目前并没有一个权威的全文数据库可以提供足够的全文下载服务，虽然 PubMed Central 数据库可以提供较多医学数据全文，但其引用关系也多限于医学领域，无法与其他领域数据同步，这样就会出现一篇论文被引频次较多，但我们只能分析部分引用内容的现象，给数据分析结果的准确性带来较多麻烦。

2. 缺少统一的综合评价指标和方法

虽然人们已经提出了一些综合评价指标，但在指标权重计算方面，仍然没有形成统一的标准，相同的两个指标，在不同的论文中可能被赋予差别较大的两个权重。主要原因是在不同的综合评价指标体系中，人们采用的评价方法不同，有些是完全的专家问卷调查，还有些是完全的模型计算，这样所得到的结果就必然存在差别。

3. 缺少大规模数据上的论文综合评价实证研究，也没有可操作的应用实践平台

在论文综合评价实证研究中，人们多采用小样本数据的实证分析，并没有基于大规模数据的论文评价分析，尤其缺少将论文学术质量评价指标与社会影响力指标相结合的论文实时综合评价的平台。

目前对于论文社会影响力的评价可以通过 altmetric.com 网站来实时进行，而论文的学术质量评价并没有可用的平台，尤其缺少结合引用内容信息的论文学术质量评价平台。在未来的论文学术质量评价指标与社会影响力指标结合过程中，它们的权重分配也将是论文综合评价中需要解决的一个争议性较大的问题。

5.2 引用内容评价的指标与方法

目前国内外对引用内容的研究刚刚起步，尤其国内缺少可以提供引用内容分

析的数据库，所以国内相关研究主要集中在定性分析层面，对引文内容的定量分析研究较少。

近年来，一直有学者探讨科学文献的影响，较为广泛的影响力测度方法都是基于文献的引用频次的，如影响因子[52]和 H 指数[53]。虽然这些定量的方法可以揭示被引文献的影响力，但是它们不能提供这篇文章具体在哪些方面被引用了。

一篇引文的引用价值体现在多个方面。由于引用动机不同，引文的价值也不同，有些引用是对引文中某一工作的肯定或继承，而有些引用可能是对引文中某一观点进行批评，这些都导致一篇引文会被多角度引用，而每个角度都是这篇引文的价值体现，这些价值是无法通过引用频次来揭示的，只能通过引用内容分析来获得。

在对引用内容进行评价时，人们通常分析的是引文的引用动机和引文的功能[54-57]，其中最著名的研究是 Moravcsik 和 Murugesan 在 1975 年对引文功能的划分，他们将引文功能划分为四类：第一类是概念或操作的引用，如“本文采用……理论或方法”；第二类是知识的演化和继承，如“本文的工作是以……为基础”；第三类为敷衍性引用或陈述性引用，如“他们主要在……方面做了些研究”；第四类是质疑或否定性引用，如“他们的结论并没有得到充分验证”。他们的研究结果发现，40%的引用是敷衍性或陈述性引用，因此，他们质疑传统的基于引用频次的引用分析方法。

5.2.1　引用性质评价

在语言学领域研究中，往往通过分析句子的语义来揭示句子中所表达的情感，但在科学文献写作过程中，通常采用陈述性语句，缺少表达情感的情感词，很难从语义判定句子的褒贬义[58]。在对一篇引文的引用内容进行评价时，我们希望可以从引用内容的语义中判定施引文献作者的引用动机，而传统的语义情感分析方法对科技文献分析来说具有一定局限性，因此，常用的方法是采用科技文献中的线索词代替传统情感分析中的情感词[59]。

本书以引文评价为目标，将引用性质分为三类，即正面引用、负面引用和中性引用。

① 正面引用指的是施引文献中对引文的观点、结论或方法的肯定和赞同，也包括在引文基础上展开后继工作，或应用引文中的理论方法。引用他人的方法或结论来与自己工作进行对比的情况，也视为在其他人工作基础上展开的研究。

② 负面引用指的是施引文献对引文中的观点、结论或方法持否定态度。由于科学文献从投稿到发表，需要经过编辑部和专家的多层审核，论文发表时很少会有错误发生，所谓负面引用只是施引文献作者根据主观判断指出的引文内容的不足，而在实际中引文所反映的观点、内容是不是负面的，需要长期实践检验[60]。

③ 中性引用指的是施引文献对引文内容并无赞同或反对观点，只做内容论述。

参考 Spiegel-Rösing 和 Teufel 的工作，可以将三类引用进行细分，表 5-1 列出具体各类别的描述。由于对引用内容进行评价时，只需要宏观地划分引用时的语义情感，不需要细化到详细的引用功能，因此本书只将正面引用和负面引用分别细化为三类和两类，中性引用没有具体细化。

表 5-1 引用内容分类

类别		描述
正面引用	（1）	对引文研究内容的肯定或赞扬
	（2）	对引文中方法、技术、数据等的应用
	（3）	方法、结果的比较
负面引用	（1）	明确指出引文的不足
	（2）	引文的转折或否定性引用
中性引用	（1）	不含情感词的描述性引用

对引用内容评价进行分类后，需要判断一个引文的引用内容应该划分到哪一类，本研究中的判定方法是将引用内容句子结构与线索词相结合来判断，句子结构指的是句子中的主语、谓语和宾语。本研究需要判定句子主语，线索词主要涉及形容词、动词或动词短语和连接词。具体引用中的线索词实例如表 5-2 所示。

表 5-2 引用内容分类线索词

类别		主语	线索词
正面引用	（1）	引文	best、significant、crucial、fundamental……
	（2）	施引文献	use、utilize、employ、apply、be based on……
	（3）	施引文献	superior to、better、similar to、consistent with……
负面引用	（1）	引文	be failed、be limited、be lack……
	（2）	引文	not、although、but……
中性引用	（1）	引文	describe、discuss、publish、use、apply……

本研究采用的句子结构识别工具为 Stanford Parser[61]，此工具是由斯坦福大学自然语言处理团队开发的，它将句子划分为树状结构，并抽取出各个词之间的连接关系，根据连接关系实现对句子主语的识别。例如，对句子“My dog likes eating sausage”进行关系分析，得到如下结果：

① 词性标注：

My/PRP$ dog/NN likes/VBZ eating/VBG sausage/NN

② 句法解析：

```
(ROOT
  (S
```

```
(NP (PRP$ My) (NN dog))
(VP (VBZ likes)
  (S
    (VP (VBG eating)
      (NP (NN sausage)))))))
```

③ 依赖关系：

poss(dog-2，My-1)
nsubj(likes-3，dog-2)
root(ROOT-0，likes-3)
xcomp(likes-3，eating-4)
dobj(eating-4，sausage-5)

首先，对句子中的词进行词性标注，如“NN”表示常用名词，“VBG”表示动名词。其次，对句子进行句法解析，如“NP”表示名词短语，“VP”表示动词短语。最后，揭示各个词之间的依赖关系，如 poss(dog-2，My-1)表示“dog”归“My”所有，nsubj(likes-3，dog-2)表示“dog”是“likes”的名词主语。通过以上步骤分析，即可识别出一个句子的主语。在研究中，主要识别两类主语：一类是引文，另一类是施引文献。在科技论文写作过程中，用于描述引文的主语通常有“He”“They”“It”“That paper”等，用于描述施引文献的主语通常有“I”“We”“This paper”“This work”“Our research”等。

本研究中线索词的来源参考了 Teufel[55]论文中手工选取的 892 个线索词。对应表 5-1 中的六小类引用性质，表 5-2 列出了各个小类的线索词实例。不同主语在搭配相同线索词时，可能表达的引用性质有所差别。例如，引用句子“We use BLAST in this paper”和“They use BLAST in their paper”的引用性质并不相同：前一句子的主语是施引文献，表达的是施引文献使用了 BLAST 这个工具，此引用为正面引用；后一句子主语为引文，描述的是引文使用了 BLAST 这个工具，此引用为中性引用。

根据表 5-2 所定义的线索词规则，本研究对 *BMC Bioinformatics* 杂志中所有引用句子进行分析，判断三种引用性质在实际引用中的分布情况。以 2000—2012 年数据为例，共获得 193 088 条引用内容，但这些引用内容存在重复现象，如多条引文对应相同的引用内容，将这些引用内容去重后获得 150 661 条引用内容，再对这些引用内容进行去噪处理，删除一些图表类引用及无效引用，得到 147 817 条引用内容记录，对这些引用内容进行分析。具体分析步骤如下。

第一步：判断引用句子是否由多句话组成，如果是，判断引用标签出现在哪句话中，同时判断句中是否包含转折性词，进行“负面引用 2”判别。如果不是，直接进行第二步操作。

第二步：判断出现引用标签的句子的主语，针对被动语态情景，需要转为主动语态。若主语为施引文献，判断“正面引用 2”和“正面引用 3”；若主语为引文，判断“正面引用 1”、“负面引用 1”和“负面引用 2”。

第三步：将剩余未判断句子统一归为中性引用。

最后得到的引用性质分类结果如表 5-3 所示。

表 5-3　*BMC Bioinformatics* 杂志中引用性质分类结果

引用性质	正面引用			负面引用		中性引用
分类	正面引用 1	正面引用 2	正面引用 3	负面引用 1	负面引用 2	中性引用 1
分类数量/条	3 859	38 416	7 380	176	5 039	92 947
总数量/条	49 655			5 215		92 947
比例/%	33.59			3.53		62.88

从表 5-3 中可以看出，大部分的引用并没有表现出强烈的情感，62.88%的引用不包含情感词，都是描述性引用。正面引用所占比例为 33.59%，说明在很多情况下，人们对所引用的文献持肯定态度，或是对引用文献高度评价，或是应用引用文献。只有少数情况下人们明确指出参考文献中的不足或缺陷。

由于表 5-2 中的规则是人为定义的，涉及的线索词也是从大量文本中统计得出的，需要对其准确性进行验证，本研究将通过分组对比实验来验证此评价方法与人工评价方法的差异性。首先，从数据样本中随机抽取 1 000 条引用内容信息，将这 1 000 条信息随机分成 10 组，每组包含 100 条引用内容信息，采用专家评定的方法对这 1 000 条引用内容的引用性质进行判定。为了提高判定的精确度，将这 1 000 条引用内容的前一句话和后一句话也同时发给专家。其次，采用本研究的线索词判断方法得到这 10 组数据中引用内容的引用性质，同时采用人工测试方法得出 10 组数据中引用内容的引用性质，即安排一名不熟悉本研究线索词规则的科研人员进行测试，以便验证计算机判别方法与人工判别方法的差异性。由于此人工判定过程中所分析的引用内容只有一句话，且人工判定过程中具有一定主观差异性，因此，结果和专家标注的结果必然存在差异。最后，对人工判定结果与本研究线索词方法得到的结果进行差异性检验，验证线索词方法与人工判定方法是否存在较大差异。表 5-4 是分析结果，从表 5-4 中可以直观看出，无论机器判定还是人工判定，判定结果都与专家判定结果相差不大，其中机器判定结果与专家判定结果的平均相似性达到 96.9%，而人工判定与专家判定结果的平均相似性为 99%。

表 5-4　机器判定和人工判定结果与专家判定结果的相似性

组别		1	2	3	4	5	6	7	8	9	10
相似性/%	机器判定	96	98	96	95	99	99	96	96	98	96
	人工判定	98	99	100	98	99	98	99	99	100	100

为了更进一步说明线索词方法与人工判定方法的差异性，采用统计检验的方法对这两种方法所得到的结果进行差异显著性检验，由于涉及的是小样本数据检验，采用 t 检验的方法来验证。表 5-5 是 t 检验结果，结果说明，无论假设方差相等还是不相等，在 95%的置信区间条件下，线索词判定的结果与人工评定的结果差异值只有 0.001，说明它们并无显著性差异，同时也验证了线索词方法所得到的引用内容性质的可靠性。

表 5-5　t 检验结果

条件		均值方程的 t 检验						
		t	df	Sig.（双侧）	均值差值	标准误差值	差分的95%置信区间	
							下限	上限
R	假设方差相等	3.99	18	0.001	−2.100	0.526	−3.205	−0.995
	假设方差不相等	−3.99	14.191	0.001	−2.100	0.526	−3.227	−0.973

5.2.2　引用强度评价

引用强度指标包含两方面：一方面是位置强度，即每条引用内容在施引文献中出现的位置；另一方面是频次强度，即单篇引文在施引文献中共出现的次数。

将位置强度指标划分为四类，分别是引言、方法、讨论和结论。其中，引言部分还包括相关研究（related work），方法部分除“method”“methodology”外，还包括“data”“data and method”“experiments”等方法、实验及相关表述，讨论部分除“discussion”外，还包括“results”等。出现在不同位置的引文其体现出的价值也有所差别。一般情况下出现在方法中的引文价值最高，在对引文位置强度进行评价时，其权重也最大。

传统的引文被引频次计算是统计引文在其他论文参考文献中是否出现，如果出现，则引文被引频次加 1 次。这种统计方法忽略了引文在一篇文献中被多次引用的情况。如果引文在一篇文献中被多次引用，说明这篇引文与原文献间关系更紧密，它的被引价值越高，被引用的质量也越高。Hou 等[30]利用引文在文献中的具体被引次数，重新计算了 75 本期刊的影响因子，得出的结果比传统影响因子更合理，说明这种方法比传统的引用频次统计方法更适合科技评价。由于引文在文献中的具体被引次数需要深入到文献全文才可以获得，所以在 SCI、CNKI 等数据中，无法获取这些信息。我国学者陈晓丽[31]从定性角度提出引用深度评价指标，她提出根据一篇文献在同一文章中的被引频次，可以将引用深度划分为高频引用、中频引用、低频引用和未被引用，其中高频引用指的是一篇文献中反复引用同一篇文献，中频引用指的是在一篇文献中多次引用同一篇文献，低频引用指的是在一篇文献中引用次数较少，通常为一次，未被引用指的是虽然标出参考文献，而实际上文中并未引用。

随着全文数据库的发展，一篇引文在施引文献中被引的频次也可以获得。引文在一篇施引文献中被引的次数越多，说明这篇引文对于施引文献的价值越高，它的引用质量也就越高。胡志刚[62]在博士论文中以 *Journal of Informetrics* 期刊为实例，对引用频次强度分布特征做了详细分析，研究发现，平均每篇引文在施引文献中的引用强度为 1.5 左右，同时文章各章节中引文的引用强度大小并没有明显差异，在引言中出现的引文的引用强度并不比在其他各章节的更高；对于引用强度大于 1 的引文，多次引用一般发生在同一章节内部，而不是两个不同的章节中。从引文特征与引用强度的关系来看，引用强度与引文的被引次数没有明显的相关性，但与引文的发表年份即引文年龄有显著的关联。年轻引文的平均引用强度显著高于年老引文的平均引用强度。

引用频次强度越大，对于施引文献来说这篇引文越重要，在评价引文过程中也应体现出此类引文的重要性，因此，本研究提出一个引文质量的评价指标。

引文在不同文章中被引用的实际频次有所不同，通常情况下至少被引用 1 次，综合考虑一篇引文在所有施引文献中的实际引用次数，将引用质量指标定义如下：

$$Q_{\text{引文}}=\text{引文在文献中具体被引频次}/\text{引文在参考文献中出现频次}$$

$Q_{\text{引文}}$数值大于等于 1，当数值为 1 时，表示这篇引文在任何一篇施引文献中的引用强度都为 1，这个值越大，表明这篇文献被引质量越高。质量指标只能作为引文被引次数指标的一个辅助指标，如果一篇文章被引次数很低，即使其引用质量很高，也无法说明这篇文章的整体引用价值高低。但当被引次数较高时，如果其引用质量也很高，那么说明引用这篇文章的施引文献多数与这篇文章关联比较大，这篇文章的引用价值也很高。如果引用频次较高，而引用质量不高，则说明这篇引文多数被当作研究背景来引用，施引文献与这篇引文关联不大。因此，引文质量评价指标在实际评价中具有一定参考意义。

以学者 Parkin 发表的文章为实例，通过计算他的著作在 PubMed Central 中的被引情况，得到他所发表的 10 篇高被引论文如表 5-6 所示，表中被引频次最高的是“Parkin DM，2005，CA Cancer J Clin，V55，P74”，被引频次为 461 次，而它的实际被引次数为 554 次，因此这篇文章的引用质量为 554/461=1.2，说明这篇文章除了具有较高被引频次外，还具有较高的被引质量。从表 5-6 中可以看出，这 10 篇论文的引用质量具有明显的差别，引用质量最高的是“Parkin DM, 2006, Int J Concer, V118, P3030”，引用质量，达到 1.52，说明这篇论文在被引过程中，被实际引用的频次平均为 1.52 次。表 5-6 中被引频次（传统）排名第四和第六的论文被引质量仅分别为 1.08 和 1.03，说明它们在被引过程中，多数情况下实际被引频次为 1 次，引用质量较低。综合这 10 篇高被引论文的被引频次和实际被引频次，得到这 10 篇论文的平均被引质量为 1.23，说明 Parkin 的论文在实际被引过程中，体现出较高的被引质量。

表 5-6　Parkin 被引频次最高的 10 篇论文的引用质量

引文	被引频次（传统）	实际被引频次（全文）	引用质量 $Q_{引文}$
Parkin DM，2006，Int J Cancer，V118，P3030	48	73	1.52
Parkin DM，2008，Lancet Oncol，V9，P683	12	18	1.50
Parkin DM，2004，Oncogene，V23，P6329	21	29	1.38
Parkin DM，1999，Int J Cancer，V80，P827	38	47	1.24
Parkin DM，2005，CA Cancer J Clin，V55，P74	461	554	1.20
Parkin DM，1993，Int J Cancer，V54，P594	14	16	1.14
Parkin DM，2001，Int J Cancer，V94，P153	78	87	1.12
Parkin DM，2001，Eur J Cancer，V37，PS4	30	33	1.10
Parkin DM，1999，CA Cancer J Clin，V49，P33	39	42	1.08
Parkin DM，2001，Lancet Oncol，V2，P533	37	38	1.03

引用质量除了可以对单篇论文的引用情况进行评价外，还可以延伸到科技人员的评价和期刊影响因子的评价。传统的科技人员评价有很多方法，如发文量、被引频次等，其中最著名的评价方法是美国学者 Hirsch 于 2005 年提出的 H 指数方法，该方法同时考虑了作者的生产力和文章质量。H 指数的定义为：当且仅当一个科学家有 h 篇引文数至少为 h 的论文，同时其余论文的引文数都小于 h 时，该科学家 H 指数的值为 h。H 指数提出后，人们又根据实际应用中遇到的问题，对其进行各种改进[62-64]。本章节中引用质量也可以为 H 指数改进提供一个新的视角。在传统 H 指数计算方法中，文章的质量是由文章的被引频次来反映的，这里的被引频次指的是这篇文章在其他文章的参考文献中出现的次数，而本研究指出，引文在施引文献中实际被引频次可以更精确地反映引文的引用质量。因此，可以用引文的实际被引频次来表示引文质量，进而改进科技人员的 H 指数计算，将新的 H 指数定义为 Hq：当且仅当一个科学家有 h 篇实际被引次数指数为 h 的论文，同时其余论文的实际被引次数都小于 h 时，该科学家的 Hq 指数值为 h。

根据 Parkin 在 PubMed Central 中发表的论文被引频次，计算其在此数据库中的 H 指数，结果得出其 H 指数值为 11，而考虑到引用质量后，其 Hq 值为 14，比 H 指数结果有明显提高。

5.2.3　引用功能评价

引用功能是指引文在施引文献中起到的作用和产生的意义，早期对引用功能的研究以描述性讨论为主，功能定义比较单一，主要观点认为引文是对前人研究工作价值的肯定[65-66]。随着人们对引文理解的深入，对引用功能的划分也出现较多类型。Oppenheim 和 Renn[67]将引用功能划分为 7 类：①历史背景；②对相关著作的描述；③提供并不用于比较的信息或数据；④提供用于比较的信息或数据；⑤使用理论方程；⑥使用方法；⑦不可应用或不是最佳的理论或方法（意思是对理论或方法的否定）。Chang[68]将引用功能划分为 11 类：①提供背景信息；②用于比较；③引用定义；④引用支持的证据；⑤引用图表；⑥提供扩展阅读；⑦引用使用过的方法；⑧列出相关研究；⑨提供补充或解释；⑩引用术语；⑪引用观点。Camacho-Minano 和 Nunez-Nickel[69]将引用功能归纳为 9 类：①概念的；②操作的；③根本的；④敷衍的；⑤演绎的；⑥并列的；⑦肯定的；⑧否定的；⑨其他。

我国学者陆伟等[70]将引用功能与引用重要性相结合，将引用重要性划分为五个等级，包含 15 类引用功能，如表 5-7 所示。

表 5-7　引用重要性与引用功能分类

重要程度	功能类目	描述
非常重要	基于	施引文献工作以参考文献为起点
重要	启发	施引文献的研究受到被引文献的启发
	拓展	施引文献拓展或修改了被引文献成果
	使用	施引文献使用了被引文献的成果
	详细引用	施引文献详细引用了被引文献中的成果
一般	比较	施引文献工作与被引文献工作形成对比
	相似	施引文献工作与被引文献工作内容近似
	肯定	施引文献肯定被引文献的工作
不重要	相关研究	介绍与施引文献工作相关的其他研究
	简单引用	简单引用了施引文献中的具体内容
	相关工作之间比较	对两个或多个被引文献工作进行比较
	未来工作	被引文献对施引文献下一步工作有所启示
	拓展阅读	通过查看参考文献以了解更多信息
非常不重要	历史背景	与施引文献工作有关的历史信息
	无关引用	与施引文献工作不相关的引用

本研究中的引用功能分类也将用于引文评价，因此借鉴陆伟等的引用功能与重要性结合方法，对引用功能进行划分后，不同引用功能的重要性不同，在评价过程中将赋予不同的重要性权重。由于本研究采用机器学习方法对引用功能进行识别，表 5-7 中的一些功能之间差异较小，机器学习过程中将影响分类的精准性，因此，将表 5-7 中的一些功能进行整合，具体整合内容如下：

将表中重要程度为“一般”的比较功能和相似功能合并为比较功能。在论文引用过程中，描述施引文献与被引文献相似时，通常采用比较的方式来实现，而比较功能的结果通常体现出施引文献与被引文献相似或不相似。因此，在机器学习过程中，比较功能通常包含相似功能，因此将其合并为比较功能。表中“非常不重要”中的两个功能在具体机器学习过程中很难被识别，因为在机器学习过程中，只针对引用内容进行标注，引用功能的判别是基于引用内容中的特征词来获得的，无法识别引用内容是否与施引文献主题相关，因此将历史背景与“不重要”中的相关研究合并，将无关引用与“不重要”中的简单引用合并。

通过上述合并后，将重要程度划分为四个等级，分别为非常重要、重要、一般、不重要，将具体引用功能划分为 12 类。

对于引用功能的识别方面，人们主要采用两种手段：手工标注和计算机识别。主要是因为早期研究时，涉及引用内容数据较少，通常采用手工标注，随着数据量的增加，人们逐渐采用计算机识别方式。在采用计算机识别时，可通过两种途径实现引用功能识别：一种是类似引用性质识别时采用的线索词方式，另一种是通过机器学习方式实现。

由于表 5-7 中的功能划分较为详细，依据线索词规则方法可以识别出部分引用功能，但无法准确识别出所有功能类别。因此，本研究将尝试采用机器学习方法中的分类方法来实现引用功能的自动判别。

机器学习方法中有很多分类算法，包括决策树、神经网络、支持向量机、朴素贝叶斯等算法，本研究中的引用功能分类将采用支持向量机算法来实现引用功能自动分类。

支持向量机（support vector machine，SVM）的基本原理是：通过某种非线性映射把输入向量映射到高维特征空间，在这个新空间中构建最优分类超平面。

最优分类超平面可以用一个线性函数来表示，假设线性函数公式为

$$g(x) = wx + b \tag{5-1}$$

由此可以得到空间一点到超平面的欧氏距离，称为几何间隔，计算公式为

$$\delta_i = \frac{1}{\|\boldsymbol{w}\|}|g(x_i)| \tag{5-2}$$

式中，$\|\boldsymbol{w}\|$为向量 $\boldsymbol{w}$ 的范数。

几何间隔与样本的误分次数存在一定关系，公式为

$$\text{误分次数} \leqslant \left(\frac{2R}{\delta}\right)^2 \tag{5-3}$$

式中，R 为所有样本中向量长度的最大值。

分类器的求解问题可转换为几何间隔求最大值的过程，达到正确分类的目标函数和约束条件为

$$\begin{cases} \min \dfrac{1}{2}\|\boldsymbol{w}\|^2 \\ \text{s.t.}\quad y_i[(\boldsymbol{w}x_i)+b]-1 \geqslant 0 (i=1,2,\cdots,l) \quad (l\text{是样本数}) \end{cases} \tag{5-4}$$

在实际分类器训练时，可能会存在一些“离群点”导致分类非线性，那么就需要引入核函数和松弛变量来求解分类器。其中常见的核函数有线性核、多项式核、径向基核函数、拉普拉斯核、ANOVA核等，核函数选择并没有明确标准。引入松弛变量后，分类器求解的目标函数和约束条件为

$$\begin{cases} \min\left(\dfrac{1}{2}\|\boldsymbol{w}\|^2 + c\sum_i \zeta_i\right) \\ \text{s.t.} \quad y_i[(\boldsymbol{w}x_i)+b] \geqslant 1-\zeta_i,\ \zeta_i \geqslant 0 (i=1,2,\cdots,l) \quad (l\text{是样本数}) \end{cases} \tag{5-5}$$

由于 SVM 默认为二类分类器，本研究需要将引用功能分为多类，把二类分类问题推广到多类分类问题，选择的推广方法是“one against one”方法，即把训练集样本中每两类作为一个二分类问题，如果有 n 类，则要训练 $n(n-1)/2$ 个分类器，用每个分类器来预测样本，并得到 $n(n-1)/2$ 个预测结果，根据结果对 n 类进行投票，得票最多的为测试样本所属类别。本研究将引用功能划分为 12 类，因此需要训练 66 个分类器来实现。

具体实验过程中采用的是开源分类器 LIBSVM，其中核函数使用的是径向基核函数，具体计算公式为

$$K(\boldsymbol{X}_i,\boldsymbol{X}_j)=\exp(-\gamma\|\boldsymbol{X}_i-\boldsymbol{X}_j\|^2),\gamma>0 \tag{5-6}$$

式中，参数 γ 默认值为 $1/k$，k 为类别数。

在利用 LIBVSM 对引用功能进行分类前，需要构建数据训练集，目前并没有较为完善的适用于引用功能分类的训练集，因此人工标注训练集。标注训练集需要全面涵盖各类型的引用内容。在数据集选取方面，一方面要选择不同被引频次的引文的引用内容作为训练集，另一方面还要选择不同类型文章的引用内容作为训练集。因此，采用分层抽样方式选取训练集，分别选取来自不同影响因子期刊中被引频次大于 20 次、10～20 次、小于 10 次的论文各 50 篇，将这些论文的引用内容抽取出来，共 5 842 条。为了保证训练集样本数据的准确性，分别从 22 本 BMC 期刊中随机抽取部分引用内容数据，与分层抽样数据集合并后构成 10 000 条引用内容训练集数据。

将 10 000 条数据中的 9 000 条用于分类模型训练，1 000 条用于模型测试，测试结果显示，此模型引用功能识别准确率可达 92.5%。

以论文“Thomson JA，1998，Science，V282，P1145”为例，从引用内容数据库中检索此论文的引用内容条数共 369 条，其中包括正面引用 73 条、负面引用 3 条、中性引用 293 条。通过引用功能模型分类，得到 369 条引用内容的具体功能如表 5-8 所示。从表 5-8 中可以看出，Thomson 这篇论文的引用功能主要集中在相关研究和简单引用，这种现象对于高被引频次论文来说较为常见，同时也有较多论文以此篇论文研究为基础，说明这篇文章具有较高影响力。

表 5-8　"Thomson JA，1998，Science，V282，P1145"的引用功能分类

功能	基于	启发	拓展	使用	详细引用	比较	肯定	相关研究	简单引用	相关工作之间比较	未来工作	拓展阅读
数量/条	21	4	6	25	17	6	11	139	102	4	1	33

5.3　单篇论文评价指标体系构建

5.3.1　单篇论文评价指标选取

科技论文由很多要素构成，包含题目、作者、机构、摘要、正文、参考文献等内部知识单元，以及来源期刊、被引频次等外部信息。以上诸多要素如合作规模、正文内容、参考文献等内部要素，以及来源期刊、被引用情况、下载次数等外部要素，都与论文质量、学术水平和影响力有着密切的联系。因此，构建的单篇论文质量评价指标主要从论文内部指标和外部指标两方面提出，考虑到指标数据的可获取性，将整体指标体系设计成如图 5-1 所示。

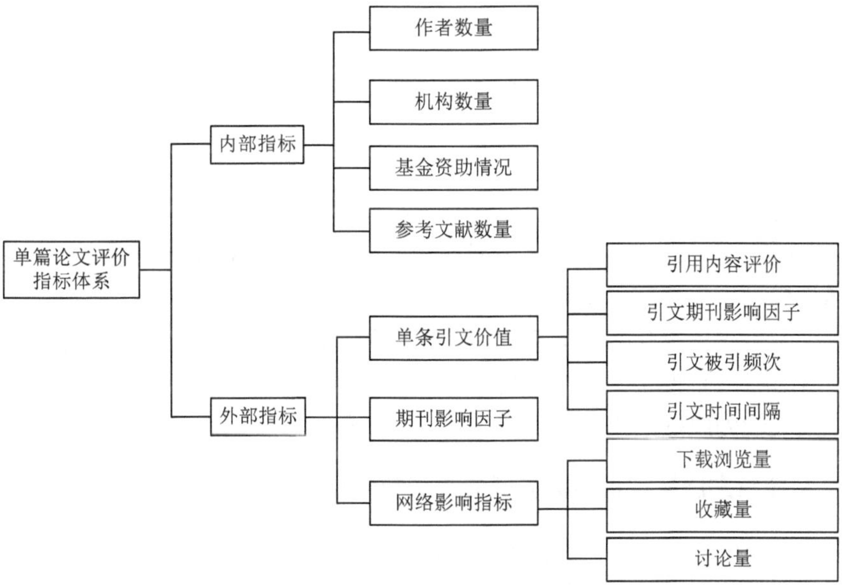

图 5-1　单篇论文评价指标体系

内部指标选取了作者数量、机构数量、基金资助情况和参考文献数量，其中作者数量和机构数量都反映了论文的合作情况，揭示知识创新活动过程，合作者数量越多、机构越多，论文质量也越高。基金资助情况指标主要依据基金等级差别来评价，如我国国家自然科学基金项目与教育部项目相比，资助水平更高，反

映论文质量也更高。

外部指标选取了单条引文价值、期刊影响因子和网络影响指标等三个指标。人们在探讨论文评价指标时，被引频次通常是一项非常重要的指标。在本书提出的指标体系中，并未直接使用引用频次指标，而是采用单条引文价值指标。通过前文对引用内容的评价指标分析可知，每条引文的引用价值不同，若直接采用引用频次评价论文质量，就默认为每条引文的价值是等同的，这与实际情况并不完全相符。因此，本书在单篇论文评价指标体系中，将每条引文的引用价值区别对待，并将引用内容评价作为“单条引文价值”评价的重要标准，引用内容的评价指标包括引用性质、引用功能和引用强度三个方面，具体见图 5-2。在具体评价过程中，还需要将引用内容评价与引用频次评价相结合，进而准确评价单条引文的引用价值。

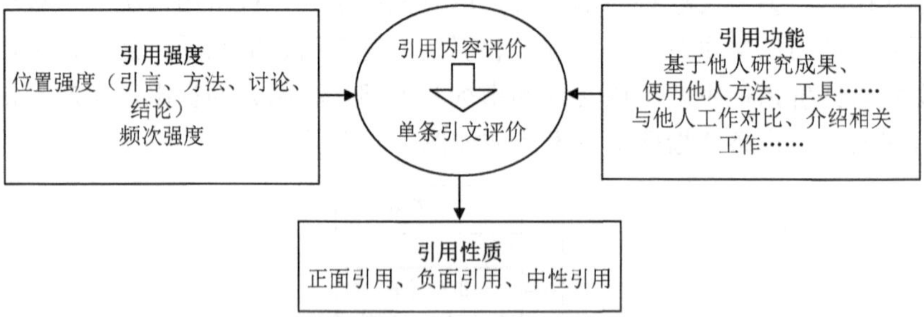

图 5-2　引用内容的评价指标

虽然影响因子指标用于评价论文时存在较多弊端，但对科技论文进行综合评价时，影响因子也是一项不可缺少的指标。由于各学科影响因子差异较大，在计算具体指标时，需要利用学科影响因子对期刊影响因子进行标准化处理。

标准化影响因子 IF=期刊影响因子/学科影响因子

网络影响指标选取了下载浏览量、收藏量和讨论量，这些指标都是 Altmetrics 近年来发展较为成熟的指标，且英文数据可获取性较强。

5.3.2　科技论文质量评价指标测度的方法与途径

在对引用内容评价指标进行测度时，需要借助自然语言处理、文本挖掘技术、机器学习方法、科学计量学等方法来实现。单条引文价值测度主要借助信息检索方法中的 PageRank 算法、层次分析法、加权赋值法等方法来实现，最终构建的综合评价指标测度需要采用多指标融合方法来获得各个指标的权重，具体实现途径如图 5-3 所示。

基于引用内容的论文综合评价需要通过三个步骤来实现：首先是对引用内容进行评价，其次是对单条引文进行评价，最后是对论文质量进行综合评价。

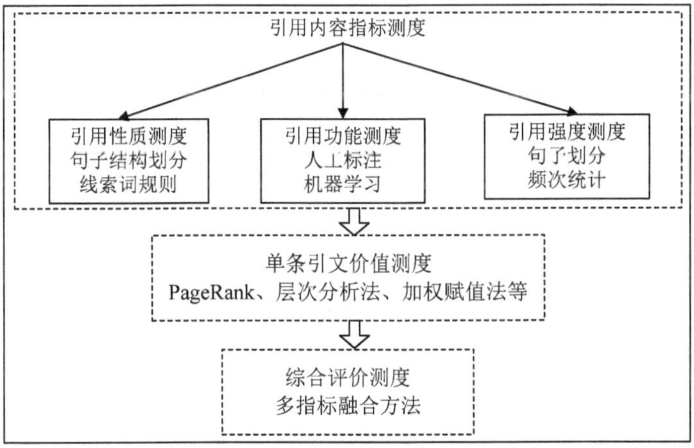

图 5-3　评价指标测度的实现途径

1. 引用内容评价

引用性质、引用功能、引用位置强度都是针对单条引用内容的评价，采用层次分析法对各个指标赋予权重，进而对单条引用内容进行评价打分。

构建的层次分析模型如图 5-4 所示。

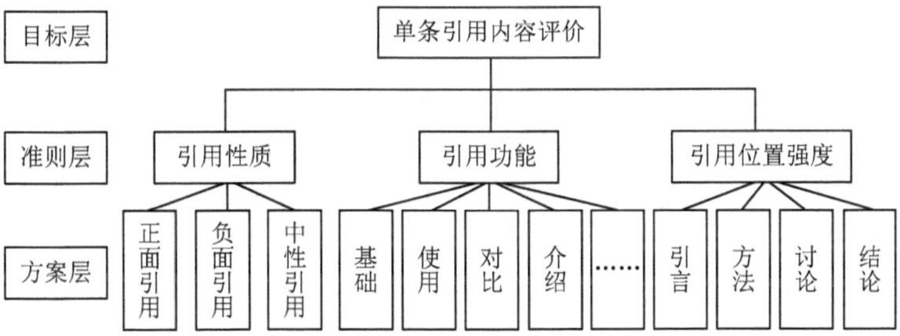

图 5-4　层次分析模型

引用内容的准则层包括三个，分别为引用性质、引用功能和引用位置强度。由于评价的是单条引用内容，因此在引用强度方面，只考虑位置强度，并未考虑频次强度。根据前文中引用性质、引用功能和引用位置强度的研究来设计方案层的各项指标，其中引用功能的方案层包括 12 项指标，图 5-4 中并未全部列出，而在具体应用过程中，这 12 项指标也可归纳为四个重要等级指标来操作。层次分析模型构建完成后，通过构造判断矩阵、专家打分及一致性检验，得到方案层各指标对于准则层的权重和准则层各指标对于目标层的权重，最终得到单条引用内容评价值，用 S 表示。

2. 单条引文评价

单条引文指的是引用内容所对应的引文文献，单条引文评价的指标包括单条引文的引用内容评价、引文的被引频次、引文所在的期刊影响因子、引文年份与原文年份时间间隔等。

单条引文在施引文献中可能会多次出现，因此在同一篇施引文献中，单条引文可能会有多条引用内容，每条引用内容的平均价值 V 可以表示为

$$V = \frac{1}{m}\sum_{i=1}^{m} S_i \tag{5-7}$$

式中，m 为单条引文的引用频次。

单条引文的引用频次指的是这条引文在施引文献中出现的次数，出现次数不同，所反映的引用强度也不同，表 5-9 是频次与强度关系表，本研究中将频次大于 3 时的引用强度视为等同。

表 5-9　单条引文引用频次与强度

频次	1	2	3	>3
强度	w_1	w_2	w_3	w_4

单条引文的引用内容价值 C 将由公式（5-8）得到：

$$C_i = V \times w \tag{5-8}$$

单条引文的总被引频次、引文所在期刊影响因子所表示的是引文本身的价值，借鉴 PageRank 算法思想，引文价值被均等地传递到参考文献中，假设引文价值用邱均平教授提出的质量指数 P 表示，那么传递到每条参考文献中的价值即为

$$P_i = P/M \tag{5-9}$$

式中，M 为参考文献数。

施引文献与原文文献的时间间隔也是一个区分引文重要性的指标。已有研究表明，时间间隔越小，引文越重要，它们之间的关系可以表示为

$$I_i = \mathrm{e}^{-\theta \times T_i} \tag{5-10}$$

式中，θ 为常数；T_i 为施引文献与原文献的时间间隔（年）。

单条引文 i 的价值由上述三部分构成，即 C_i、P_i、I_i，这三部分的加权和即为单条引文的价值 Q_i，计算公式为

$$Q_i = \alpha C_i + \beta P_i + \gamma I_i \tag{5-11}$$

3. 单篇论文质量评价综合指标

单篇论文质量评价综合指标包括内部指标和外部指标两方面。内部指标可通过层次分析法对各个指标赋予权重；外部指标包括期刊影响因子、单条引文价值

评价值和网络影响指标，其中网络影响指标由主成分分析和因子分析得到，假设为 WF。

引文评价值可通过两种方法得到。一种是直接加权法，计算公式为

$$Q_{\text{Citation}}=\sum_{i=1}^{N}Q_i \tag{5-12}$$

另一种方法是借助 PageRank 算法完成，网页排序所用的 PageRank 公式为

$$\text{PR}(A)=(1-d)+d\left[\text{PR}(t_1)/C(t_1)+\cdots+\text{PR}(t_n)/C(t_n)\right] \tag{5-13}$$

式中，PR(A)表示从一个外部链接站点 t_i 上，依据 PageRank 系统给网站所增加的 PR 值；$\text{PR}(t_i)$ 表示该外部链接网站本身的 PR 值；$C(t_i)$ 表示该外部链接站点所拥有的外部链接数量；d 为阻尼系数，一般为 0.85。

在单条引文评价中，P_i 值与 $\text{PR}(t_i)/C(t_i)$ 值类似，指的是通过引用连接直接传递的价值，若直接采用 Q_i 值替换 P_i 值，则引文评价值可通过如下类似 PageRank 公式得到：

$$Q_{\text{Citation}}=(1-d)\sum_{i=1}^{n}(I_i+C_i)+d\sum_{i=1}^{n}\frac{Q_{\text{Citation}(i)}}{M_i} \tag{5-14}$$

式中，n 为单篇论文的被引频次；M_i 为引文 i 所包含的参考文献数量。

式（5-14）求解过程与传统 PageRank 算法（5-13）求解基本相同。

单篇论文的质量评价值由内部指标评价值与外部各个指标值进行有机融合得到，多指标融合时，常用的融合方法是加权和，计算公式为

$$Q_{\text{Final}}=\phi Q_{\text{Citation}}+\eta\text{IF}+\lambda\text{WF}+\varphi Q_{\text{In}} \tag{5-15}$$

其中，Q_{Citation} 指标可通过公式（5-12）或（5-14）得到，同时也可以采用其他算法得到；IF 指标是期刊影响因子与学科平均影响因子比值；WF 是社会影响力指标综合评价值；Q_{In} 是内部指标综合评价值。

在多指标的综合评价过程中，最关键的是各个指标的权重，采用不同方法得到的权重可能有所差别，本研究采用排序学习模型中的 Listwise 算法用于指标融合。在学习过程中，该方法利用列表作为训练实例，对损失函数进行优化，最终通过训练可以得到一个线性融合模型，进而对论文进行评价。下面是论文多指标评价模型的一般描述：

对于一个给定的单篇论文集合 $d=\{d_1,d_2,\cdots,d_m\}$，在训练过程中，每一篇论文会对应一个相关性标注 $y=(y_1,y_2,\cdots,y_n)$，y_i 代表第 i 个专家的评价分数。在训练集合中，每一个样本 $\boldsymbol{d}_i=(x_{i,1},x_{i,2},\cdots,x_{i,n})$ 表示论文评价模型的特征向量，$x_{i,j}$ 为论文 d_i 的第 j 种评价分数。$y_i=(y_{i,1},y_{i,2},\cdots,y_{i,n})$ 表示扩展词与查询之间的相关性标注。给定一个论文样本的评价特征向量以及评价融合排序模型 f，$f=\boldsymbol{w}\cdot\boldsymbol{d}_i$，$\boldsymbol{w}$ 为指标权重向量，以此函数可以输出一个相关性分数。对于多个单篇论文，可以得到模型预测评价分数列表 z_i，这样就可以得到训练中所需优化的目标函数的总的损

失，计算公式为

$$\sum_{i=1}^{m} L(y_i, z_i) \tag{5-16}$$

通过损失优化算法就可以得到词排序模型，在词排序中，一旦一篇论文和与之相关的多种评价分数给定，就可以评价指标词特征向量；将特征向量输入到评价指标融合排序模型当中，就可以得到扩展词的评价分数。具体算法流程如下：

Algorithm ListNet algorithm

输入: 单篇论文样本集合

$\{(d,y)|(d_1,y_1),(d_2,y_2),\cdots,(d_m,y_m)\}$

迭代次数T，学习率η

初始化参数$\boldsymbol{w}$

For t=1 to T do

计算梯度Δw:

$$\Delta \boldsymbol{w} = \frac{\partial L}{\partial \boldsymbol{w}}$$

更新 $\boldsymbol{w} = \boldsymbol{w} - \eta \cdot \Delta \boldsymbol{w}$

End For

输出：评价指标权重向量$\boldsymbol{w}$.

5.4 基于引用内容的论文评价平台设计

本书第 2 章已经设计了引用内容检索平台，本节将在引用内容检索平台基础上搭建基于引用内容的论文评价平台。此评价平台设计包括三个功能模块，分别是引用内容检索模块、引用内容评价模块和综合指标评价模块。其中，引用内容检索模块主要是为其他两个模块服务；引用内容评价模块又包括三个子模块，分别是引用性质评价模块、引用功能评价模块和引用位置强度评价模块。综合指标评价模块包括引用内容综合评价子模块和论文质量综合评价子模块，同时设计了不同权重选择子模块，为用户提供灵活的论文评价指标体系，具体平台框架如图 5-5 所示。

引用内容检索模块直接采用本书第 2 章中设计的引用内容检索平台，数据来源与处理方法完全一致，仍然采用 Lucene v3.5 索引工具优化检索效率。图 5-6 是利用 Tomcat 服务器实现的 web 应用界面，包括两个检索模块：一个是本书第 4 章中介绍的基于引用内容的论文检索模块（Search），一个是用于检索一篇论文的引用内容模块（Searchcontext）。在本节设计的评价系统中，需要直接使用的是 Searchcontext 模块，在此模块基础上展开其他模块设计。

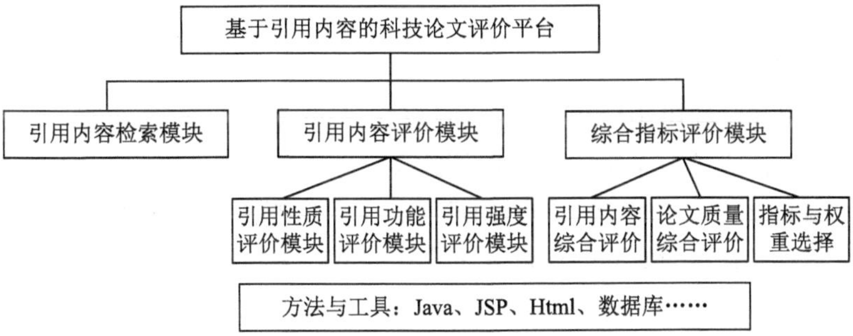

图 5-5　平台设计框架图

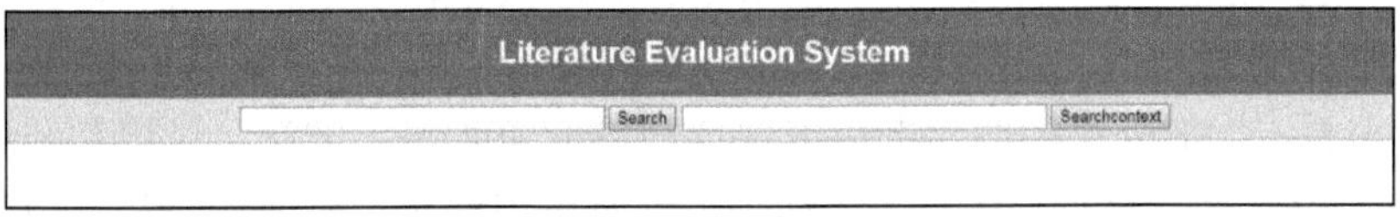

图 5-6　引用内容检索界面

对于两个评价功能模块的实现主要借助 JSP 和 Html 表单功能，通过 Html 表单将用户要求发回客户端，客户端使用 JSP 语言根据用户需求对引用内容进行分析，最终将结果返回给用户。

图 5-7 是一个检索实例，当检索“Parkin DM，2005，CA Cancer J Clin，V55，P74”这篇论文的引用内容时，检索结果中除了显示所有引用内容外，还包括两个功能按钮，分别对应引用内容评价模块（Citation Evaluation）和论文综合评价模块（Literature Evaluation）。

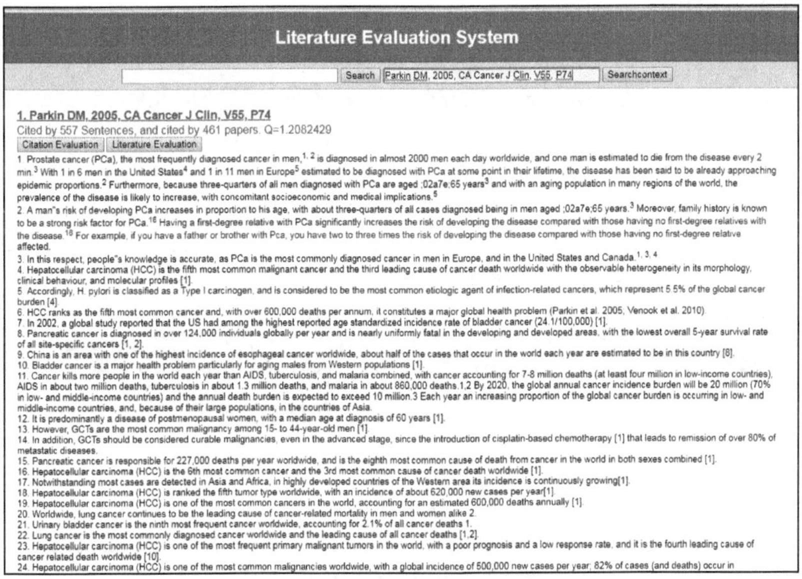

图 5-7　引用内容检索实例

1. 引用内容评价模块

此模块下既包括引用性质、引用功能和引用强度三方面的评价结果，又包括由此三方面所构成的单条引用内容评价结果。图 5-8 是论文“Parkin DM，2005，CA Cancer J Clin，V55，P74”的引用性质、引用功能和引用强度评价实例。当在图 5-7 界面中单击“Citation Evaluation”按钮时，平台将对此论文的 557 条引用内容分别计算其引用性质、引用功能和引用强度，并将结果反馈给用户，用户端显示图 5-8 中的运行结果。图 5-8 中该实例运行结果显示，从引用性质来看，该论文拥有 55 条正面引用、17 条负面引用和 485 条中性引用；从引用功能来看，非常重要引用 23 条，重要引用 79 条，一般引用 388 条，不重要引用 67 条；从引用强度来看，大部分引用发生在引言位置，包括 494 条，方法、讨论和结论位置分别占 32 条、12 条和 19 条。上述结果是针对引用性质、引用功能和引用强度的统计性描述，并未对其进行综合权重处理，在具体评价过程中，还需对各个准则层指标赋予一定权重，因此，在此运行结果界面中，设计一个“Go on Citation Evaluation”功能按钮，单击此按钮后，平台界面将跳转至图 5-9 界面，该界面设置了权重分配功能，但只提供对引用性质、引用功能和引用强度的权重设置，并未提供针对正面引用、负面引用等下一级指标的权重设置功能，这些指标的权重在界面后台设计中，已经直接被嵌入程序中。界面中引用性质、引用强度和引用功能的默认权重分别为 0.3、0.4 和 0.3，在具体评价中此数值以界面中的输入数值为准，要求权重和为 1。权重设置完成后，单击“Final Citation Evaluation”按钮即可实现单条引用内容的评价功能。

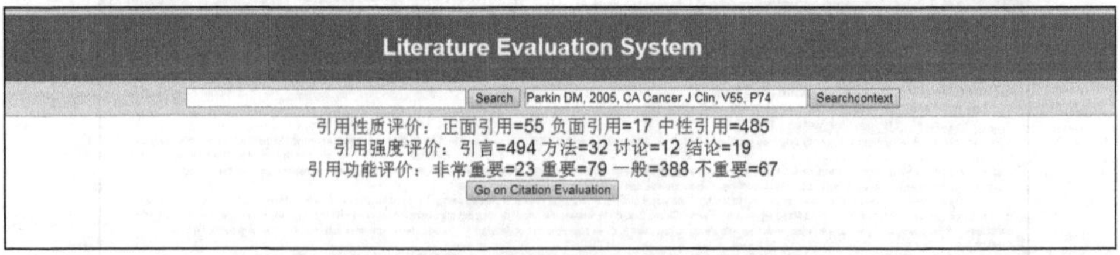

图 5-8　引用性质、引用功能和引用强度模块

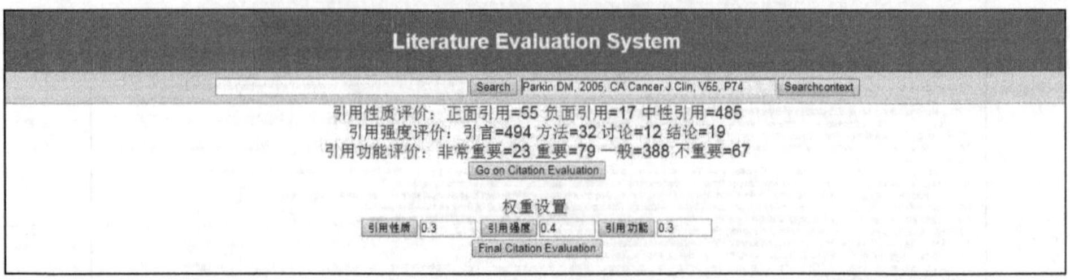

图 5-9　引用内容评价模块

2. 论文综合评价模块

论文综合评价模块是将论文内、外部指标融合得到的综合评价值。运行此模块时，平台系统首先运行的是引用内容评价模块，若此前已经运行过该模块，则以该运行结果为基础；若未运行过该模块，而直接运行论文综合评价模块，则采用系统默认参数运行引用内容评价模块，并将得到的结果与其他指标融合。在综合评价指标体系中，内部指标包括作者数量、机构数量、基金项目和参考文献数量，在此平台中所评价的文章，虽然可以在系统中检索到引用内容，但并不是所有文章都能找到全文信息，尤其是基金项目和参考文献数量信息，因此在论文综合评价模块中，这些信息需要用户提供。除了论文内部指标外，评价指标中还涉及网络影响指标，这些网络影响指标实时变动，在此评价模块中也需要用户提供信息。图 5-10 是在图 5-7 中运行“Literature Evaluation”功能按钮后的综合评价界面，在综合评价过程中，涉及用户提供的指标数据只有论文内部指标和网络影响指标，指标中的影响因子数据已经存储在数据库中，权重计算模型已经嵌入系统后台，单击“Final Evaluation”按钮后，可得到论文综合评价值。

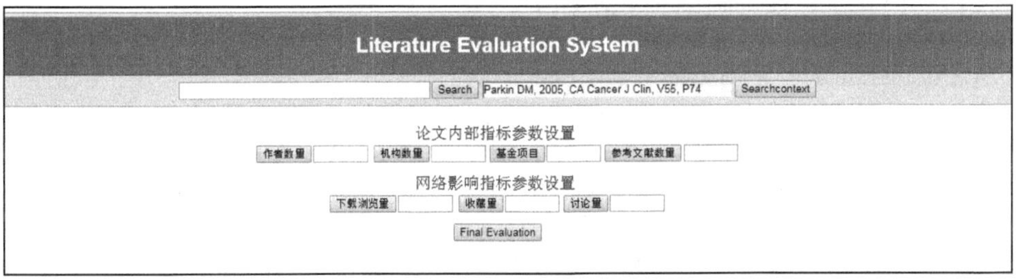

图 5-10　论文综合评价模块

参 考 文 献

[1] EUGENE G. Citation indexes for science: A new dimension in documentation through association of ideas[J]. Science, 1955,122(3159): 108-111.

[2] ZUNDE P. Structural models of complex information sources[J]. Information Storage and Retrieval, 1971,7(1): 1-18.

[3] VIRGO J A. A statistical procedure for evaluating the importance of scientific papers[J]. The Library Quarterly, 1977,47(4): 415-430.

[4] HAMILTON D P. Who's uncited now?[J]. Science, 1991,251(4989): 25.

[5] SEGLEN P O. Why the impact factor of journals should not be used for evaluating research[J]. Bmj, 1997, 314(7079): 498-502.

[6] 杨思洛. 引文分析存在的问题及其原因探究[J]. 中国图书馆学报, 2011,37(3): 108-117.

[7] 李冲，张丽. “洛瑞悖论”与引文分析评价学术的可靠性[J]. 科学学研究, 2014,32(2): 184-188.

[8] YAN E, DING Y. Weighted citation: An indicator of an article's prestige[J]. Journal of the American Society for

Information Science and Technology, 2010,61(8): 1635-1643.

[9] 赖院根，王星. 面向检索排序的论文重要度测算[J]. 情报理论与实践, 2009(10): 78-81.

[10] SU C, PAN Y, ZHEN Y, et al. PrestigeRank: A new evaluation method for papers and journals[J]. Journal of Informetrics, 2011,5(1): 1-13.

[11] 宋歌. 社会网络分析在引文评价中的应用研究[J]. 图书情报工作，2010(14): 16-19,115.

[12] 王凌峰，张泽玺. 基于引文网络的单篇论文新评价指标：Hi 指标[J]. 情报理论与实践, 2012,35(11): 52-55.

[13] FRAGKIADAKI E, EVANGELIDIS G, SAMARAS N, et al. f-Value: Measuring an article's scientific impact[J]. Scientometrics, 2010, 86(3): 671-686.

[14] 纪雪梅，李长玲，许海云. 基于权力指数的引文网络分析方法探讨[J]. 图书情报工作，2009,53(24): 111-114.

[15] 韩毅，夏慧，童迎. 引用结构视角下单篇学术文献影响力测度的 ID 指数[J]. 情报学报，2013, 32(9): 968-975.

[16] WAN X, LIU F. Are all literature citations equally important? Automatic citation strength estimation and its applications[J]. Journal of the Association for Information Science and Technology, 2014, 65(9): 1929-1938.

[17] IOANNIDIS J, BOYACK K W, SMALL H, et al. Bibliometrics: Is your most cited work your best?[J]. Nature, 2014,514(7524): 561-562.

[18] VAN NOORDEB R, MAHER B, NUZZO R. The top 100 papers[J]. Nature, 2014,514(7524): 550-553.

[19] 国家科学技术奖励工作办公室. 国家自然科学奖评价指标[R/OL]. (2013-05-09)[2022-07-09]. http://www.nosta.gov.cn/web/detail1.aspx?menuID= 25&contentID=847.

[20] ANDERSON M H, SUN P Y. What have scholars retrieved from Walsh and Ungson (1991)? A citation context study[J]. Management Learning, 2010, 41(2): 131-145.

[21] CHANG Y-W. The influence of Taylor's paper, Question-Negotiation and Information-Seeking in libraries[J]. Information Processing & Management, 2013,49(5): 983-994.

[22] 王岚. 中文人文社会科学引用性质与引用深度研究[D]. 南京：南京大学，2009.

[23] 赵青. 文学学科引用性质与引用深度调查分析[J]. 情报杂志，2010,29(10): 46-50.

[24] 张微. 科技论文引用种类的初步剖析[J]. 图书情报工作，2010(16): 59-62.

[25] 刘盛博，丁堃，张春博. 基于引用内容性质的引文评价研究[J]. 情报理论与实践, 2015,38(3): 77-81.

[26] 王剑，高峰，满芮，等. 基于引用频次和内容分析的引文分布与动机关系研究[J]. 情报杂志，2013,32(9): 100-103.

[27] HU Z, CHEN C, LIU Z. Where are citations located in the body of scientific articles? A study of the distributions of citation locations[J]. Journal of Informetrics, 2013,7(4): 887-896.

[28] MARICIC S, SPAVENTI J, PAVIVIC L, et al. Citation context versus the frequency counts of citation histories[J]. Journal of the American Society for Information Science, 1998,49(6): 530-540.

[29] SOMBATSOMPOP N, KOSITCHAIYONG A, MARKPIN T, et al. Scientific evaluations of citation quality of international research articles in the SCI database: Thailand case study[J]. Scientometrics, 2006,66(3): 521-535.

[30] HOU W R, LI M, NIU D K. Counting citations in texts rather than reference lists to improve the accuracy of assessing scientific contribution[J]. BioEssays, 2011,33(10): 724-727.

[31] 陈晓丽. 引文评价中的引文方式与力度因素[J]. 图书馆, 2000(6): 43-45.

[32] PRIEM J, TARABORELLI D, GROTH P, et al. Altmetrics: A manifesto [EB/OL]. [2022-07-19]. http://altmetrics.org/manifesto,2010.

[33] 顾立平. 开放数据计量研究综述: 计算网络用户行为和科学社群影响力的 Altmetrics 计量[J]. 现代图书情报技术, 2013(6): 1-8.

[34] 邱均平，余厚强. 替代计量学的提出过程与研究进展[J]. 图书情报工作, 2013,57(19): 5-12.

[35] 刘春丽. Web2.0 环境下的科学计量学: 选择性计量学[J]. 图书情报工作, 2012,56(14): 52-56, 92.

[36] PIWOWAR H. Altmetrics: Value all research products[J]. Nature, 2013,493(7431): 159.

[37] KWOK R. Research impact: Altmetrics make their mark[J]. Nature, 2013,500: 491-493.

[38] SHUAI X, PEPE A, BOLLEN J. How the scientific community reacts to newly submitted preprints: Article downloads, twitter mentions, and citations[J]. PloS one, 2012: 7(11): e47523.

[39] EYSENBACH G. Can tweets predict citations? Metrics of social impact based on Twitter and correlation with traditional metrics of scientific impact[J]. Journal of Medical Internet Research, 2011, 13(4): e123.

[40] CHEUNG M K. Altmetrics: Too soon for use in assessment[J]. Nature, 2013,494(7436): 176.

[41] SCHUBERT A. Using the h-index for assessing single publications[J]. Scientometrics, 2009,78(3): 559-565.

[42] BORMMANN L, Daniel H D. The state of h index research[J]. EMBO Reports, 2009,10(1): 2-6.

[43] 邱均平，马瑞敏，程妮. 利用 SCI 进行科研工作者成果评价的新探索[J]. 中国图书馆学报, 2007,33(4): 11-16.

[44] 吕志军，金英伟，钱伟懿，等. 基于模糊综合评判的学术论文评价方法[C]//Proceedings of 2010 International Conference on Management Science and Engineering. Hubei:IITA Association,2010:55-60.

[45] 郭丽芳. 评价论文学术质量的文献计量学指标探讨[J]. 现代情报, 2005,25(3): 11-12.

[46] 金晶，何苗，王孝宁，等. 不同学科领域自然科学论文学术影响力评价与比较的可行性研究[J]. 科技管理研究, 2010,30(14): 279-284.

[47] 何星星，武夷山. 基于文献利用数据的期刊论文定量评价研究[J]. 情报杂志, 2012,31(8): 98-102.

[48] 王贤文，刘趁，毛文莉. 数字出版时代的科学论文综合评价研究[J]. 中国科技期刊研究，2014,25(11): 1391-1396.

[49] 王贤文，方志超，王虹茵. 连续，动态和复合的单篇论文评价体系构建研究[J]. 科学学与科学技术管理, 2015,36(8): 37-48.

[50] 张玉华，潘云涛，马峥. 科技论文评估方法研究[J]. 编辑学报, 2004,16(4): 243-244.

[51] 林德明，姜磊. 科技论文评价体系研究[J]. 科学学与科学技术管理, 2012,33(10): 11-17.

[52] GARFIELD E. Citation analysis as a tool in journal evaluation[J]. American Association for the Advancement of Science, 1972, 178:471-479.

[53] HIRSCH J E. An index to quantify an individual's scientific research output[J]. Proceedings of the National Academy of Sciences of the United States of America, 2005,102(46): 16569.

[54] SPIEGEL-ROSING I. Science studies: Bibliometric and content analysis[J]. Social Studies of Science, 1977, 7(1): 97-113.

[55] TEUFEL S, SIDDHARTHAN A, TIDHAR D. Automatic classification of citation function[C]// Proceedings of the 2006 Conference on Empirical Methods in Natural Language Processing. Sydney: Association for Computational Linguistics, 2006:103-110.

[56] O'CONNOR J. Citing statements: Computer recognition and use to improve retrieval[J]. Information Processing & Management, 1982,18(3): 125-131.

[57] MORAVCSIK M J, MURUGESAN P. Some results on the function and quality of citations[J]. Social Studies of Science, 1975,5(1): 86-92.

[58] VERLIC M, STIGLIC G, KOCBEK S, et al. Sentiment in Science-A Case Study of CBMS Contributions in years 2003 to 2007[C]. 2008 21st IEEE International Symposium on Computer-Based Medical Systems. Albuquerque: IEEE, 2008:138-143.

[59] SMALL H. Interpreting maps of science using citation context sentiments: a preliminary investigation[J]. Scientometrics, 2011,87(2): 373-388.

[60] 叶继元，袁培国，吴向东. 引文数据中的负面引用初探[J]. 新世纪图书馆, 2007(6): 22-23.

[61] TOUTANOVA K, MANNING C D. Enriching the knowledge sources used in a maximum entropy part-of-speech

tagger[C]//Proceedings of the 2000 Joint SIGDAT Conference on Empirical Methods in Natural Language Processing and Very Large Corpora. Hong Kong: Association for Computational Linguistics, 2000:63-70.

[62] 胡志刚. 全文引文分析方法与应用[D]. 大连：大连理工大学，2014.

[63] 金碧辉. R 指数，AR 指数 H 指数功能扩展的补充指标[J]. 科学观察, 2007,2(3):1-8

[64] 周春雷. h 指数合作式注水缺陷与对策[J]. 图书情报知识，2009(3): 109-112.

[65] LIPETZ B A. Improvement of the selectivity of citation indexes to science literature through inclusion of citation relationship indicators[J]. American Documentation, 1965, 16(2):81-90.

[66] GARFIELD E. Citation indexes for science new dimension in documentation through association of ideas[J]. Science, 1955, 122(3159) : 108-111.

[67] OPPENHEIM C, RENN S P. Highly cited old papers and reasons why they continue to be cited[J]. Journal of the American Society for Information Science, 1978, 29(5) : 225-231.

[68] CHANG Y. A comparison of citation contexts between natural sciences and social sciences and humanities[J]. Scientometrics, 2013, 96(2) : 535-553.

[69] CAMACHO-MINANO M D M, NUNEZ-NICKEL M. The multi-layered nature of reference selection[J]. Journal of the American Society for Information Science and Technology, 2009, 60 (4) : 754-777.

[70] 陆伟，孟睿，刘兴帮. 面向引用关系的引文内容标注框架研究[J]. 中国图书馆学报, 2014, 40(6):93-104.

第 6 章　基于引用内容的论文影响力分析 ——以诺贝尔奖获得者论文为例

人们通常采用论文被引频次来评价论文的重要性。*Nature* 杂志委托汤森路透公司统计 SCI 数据库中 1900—2014 年发表的被引频次排名前 100 的论文，结果有些出人意料，许多世界上著名的论文都没有排进前 100 名[1]。Ioannidis 和他的同事[2]也调查了生物医学领域被引用最多的作者，以邮件方式询问他们如何看待他们最具影响力的工作，结果显示，他们认为最重要的论文的确有较高的被引频次，但那些被引频次最高的论文往往都不是他们认为的具有革命性发现的论文。尽管引用频次对于衡量一篇论文的影响力来说是一个重要的指标，但是引用频次很难揭示一篇文章为什么总是被引用，它对其他文章有着怎样的影响。

论文被引频次只能反映论文的宏观影响力，无法揭示论文在他人研究中的具体作用和影响。引文内容指的是引文标签周围的文本内容，它可以为引证关系提供更多细节上的信息，包括一篇文章被引用的动机以及哪些内容被他人引用。因此，可从引用内容的主题和功能两方面对论文的影响力进行分析。本章以 2014 年诺贝尔生理学或医学奖获得者 O'Keefe 的高引论文为实例，首先，采用文献计量学方法对引用内容主题进行分析，对其影响范围及领域进行可视化分析。其次，从引用性质和功能角度，将引用内容分成正面引用、负面引用和中性引用。最后，又将中性引用划分为三类，分别是研究背景介绍、理论基础和实验基础。结果表明，共词分析可以很好地表达论文影响的主题领域；引用内容的分类可以提供一篇论文被引用的多方面原因。在本实验中没有负面引用，多于 10%的引用为正面引用，大约 50%的中性引用属于相关工作背景或介绍。

6.1　诺贝尔生理学或医学奖论文选取

2014 年诺贝尔生理学或医学奖授予了 John M. O'Keefe 博士、May-Britt Moser 博士和 Edvard I. Moser 博士，他们发现了大脑神经细胞中的位置细胞和导航细胞。本研究在诺贝尔奖获奖背景文件“The Brain's Navigational Place and Grid Cell System”中人工选取关键词，并在 Web of Science 中检索这些关键词字段，检索式如下：

TI=(hippocamp* AND (place OR Position* OR spatial)) OR (("grid cell*" OR

Position* OR Navigation* OR spatial OR place) And ("entorhinal cortex" OR brain OR cerebral))

时间段划分为 1945—2014 年，共检索到 4 441 篇文章。

引用内容的收集包括三个步骤：

① 查找以 O'Keefe 为第一作者的被引频次最高的论文。

② 下载引用该论文的施引文献全文。实际上，本研究仅下载了 20%左右的全文。

③ 在施引论文中抽取 O'Keefe 高引论文的引用内容来进行下一步分析。施引文献全文来自 PubMed Central 数据库，此数据库中提供了生物医学文献的全文数据，并提供 XML 文档下载格式，采用引用标签识别的方式抽取引用内容[3]。

表 6-1 展示了诺贝尔奖获奖领域被引频次排在前 10 位的论文。被引最高的论文是“Place navigation impaired in rats with hippocampal-lesions”，1982 年发表在 *Nature* 杂志上，被引 3 589 次。虽然这篇论文的被引量最高，但是它并没有出现在说明此奖项获奖原因的“科学背景”文档中，作者 Morris 没有获得诺贝尔奖。诺贝尔奖授予了第二高被引论文“Hippocampus as a spatial map-preliminary evidence from unit activity in freely-moving rat”的作者 O'Keefe。此结果与 Noorden[1]的研究相似，诺贝尔奖获得者的论文并没有得到该领域最高的引用频率。

O'Keefe 有三篇论文排在高被引论文前 10 位列表中，最高被引 1 812 次，本研究将这篇论文选为目标论文，这篇论文的创新之处在于发现“位置细胞”。实验过程中，很难将这 1 812 篇施引论文全部下载，本研究随机选择 200 篇施引论文进行研究，共有 228 个被引的句子，目标论文在每一篇施引论文中平均被引 1.14 次。

表 6-1　诺贝尔奖获奖领域最高被引的 10 篇论文

作者	标题	期刊	发表年份	被引频次
Morris，R. G. M.，P. Garrud，et al	Place navigation impaired in rats with hippocampal-lesions	*Nature*	1982	3 589
O'Keefe，J. and Dostrovs. J	Hippocampus as a spatial map-preliminary evidence from unit activity in freely-moving rat	*Brain Research*	1971	1 812
O'Keefe，J. and M. L. Recce	Phase relationship between hippocampal place units and the eeg theta-rhythm	*Hippocampus*	1993	1 033
Tsien，J. Z.，P. T. Huerta，et al	The essential role of hippocampal CA1 NMDA receptor-dependent synaptic plasticity in spatial memory	*Cell*	1996	919
Grant，S. G. N.，T. J. Odell，et al	Impaired long-term potentiation,spatial-learning, and hippocampal development in fyn mutant mice	*Science*	1992	827
Hafting，T.，M. Fyhn，et al	Microstructure of a spatial map in the entorhinal cortex	*Nature*	2005	773

续表

作者	标题	期刊	发表年份	被引频次
Cohen，L.，S. Dehaene，et al	The visual word form area-spatial and temporal characterization of an initial stage of reading in normal subjects and posterior split-brain patients	*Brain*	2000	755
Burgess，N.，E. A. Maguire，et al	The human hippocampus and spatial and episodic memory	*Neuron*	2002	669
Packard，M. G. and J. L. McGaugh	Inactivation of hippocampus or caudate nucleus with lidocaine differentially affects expression of place and response learning	*Neurobiology of Learning and Memory*	1996	666
O'Keefe，J	Place units in hippocampus of freely moving rat	*Experimental Neurology*	1976	657

6.2 获奖论文引用内容的主题评价

引用内容主题分析的主要目的是要得到 O'Keefe 高被引论文对其他文章的具体影响力。本研究中的主题分析包含两方面工作：一是统计引用内容中短语的出现频次；二是对这些名词短语进行共词分析，进而对引用内容的主题进行划分。

抽取名词短语前需要对各个单词进行词性标注，本书采用 Stanford Log-linear Part-Of-Speech Tagger[4]作为词性标注的主要工具，此工具是由斯坦福大学的 NPL 小组开发的。名词短语的形成规则与 Wang 等[5]的论文中描述的方法相同。在统计名词短语的频率时，如果一条引用内容包含两个相同的名词短语，它将计数一次。

在文献计量学研究中，共现理论经常被用来探测学科主题[6-8]，但在进行引用内容主题研究时很少采用此方法。本案例将采用 Pajek 软件来绘制引用内容中名词短语的共现网络，希望通过名词短语共词图谱分析，确定引用主题。

在引用内容中共提取 299 个名词短语，表 6-2 列出了出现频次排名前 20 的高频名词短语。“place cell”被引最高，共有 76 次，因为目标论文最大的贡献是发现位置细胞。“hippocampus”“environment”“rat”“fire”“neuron”都是目标论文中的重要主题词。表 6-2 中还有一些目标论文未提到的词，如“cognitive map”“ca3”等。

表 6-2 目标论文被引用内容中频次排名前 20 的名词短语

序号	名词短语	频次	序号	名词短语	频次
1	place cell	76	7	location	29
2	hippocampus	74	8	fire	25
3	environment	55	9	cognitive map	19
4	rat	44	10	neuron	18
5	animal	40	11	discovery	17
6	cell	31	12	place field	15

续表

序号	名词短语	频次	序号	名词短语	频次
13	rodent	13	17	position	11
14	ca3	13	18	pyramidal cell	9
15	space	12	19	region	9
16	ca1	12	20	navigation	9

图 6-1 显示了名词短语的共现图。每个节点代表一个名词短语，节点的大小与该节点有共现关系的节点数量成正比。将出现频次阈值设置为大于 1 次，得到的图谱中包含 71 个节点。

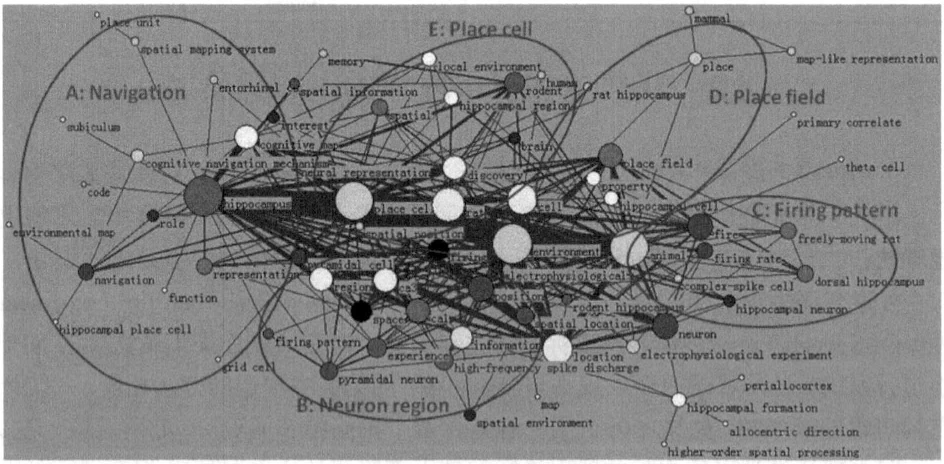

图 6-1　名词短语的共现图

基于名词短语间的关联性，将图谱分为五个部分：第一部分主要涉及导航，在目标论文中没有提及太多，其次是位置细胞的研究；第二部分主要是神经元区域，包括 CA1 和 CA3，其中 CA1 出现在目标文献中，但是 CA3 是后续工作中发现的；第三部分是对神经元激发模拟实验过程；第四部分是实验环境；第五部分是关于位置细胞的概念。

O'Keefe 获诺贝尔奖的主要原因是他发现了位置细胞，但从这篇文章的引用内容来看，除了提出位置细胞的概念，他的实验过程及环境也被人们不断引用，位置细胞的导航功能虽然在原文正文中有所提及，但并没有进行更深入的应用研究，而从引用内容可看出，位置细胞的导航功能是这篇论文对后继研究的一个重要影响领域，这些影响无法从被引频次中获得，只能通过对引用内容的分析而得到。

6.3 获奖论文引用内容的性质与功能评价

对于引用内容性质和功能的划分，可以采用两种方式来实现：一种是借助自然语言处理技术对引用内容进行自动划分，主要借助线索词和句子结构规则来实现[9]；另一种是采用人工判别方法。前一种方法比较适合大样本数据处理，人工判别方法适合小样本数据分析，而且具有更高的准确性。由于本实验中的引用内容数据较少，因此直接采用人工判别方式来对这些引用内容进行划分。分类结果表明，O'Keefe 高被引论文的引用内容多数属于中性引用，达到 204 篇，正面引用共 24 篇，在本研究的数据集里没有负面引用。在所有的 24 条正面引用中，有 12 条引用是 Positive (1) 类型的引用，即对 O'Keefe 论文工作的肯定或赞扬。表 6-3 列出了一些正面引用的例子，这些正面引用的主要动机是赞扬 O'Keefe 发现了位置细胞。

表 6-3 正面引用的例子

序号	正面引用
1	The discovery of place cells [1]-[5] in the hippocampal regions of rats **consolidated** the idea that hippocampus probably represents a cognitive map of the local environment of an animal...
2	The concept of cognitive map for navigation, carried out mainly by Tolman [10], was **fuelled** by the discovery of the so-called place cells in the hippocampus of the rat and has widely increased our understanding of cognitive navigation mechanisms [11]
3	The **breakthrough** came in 1971 with the discovery of the rat s cognitive map in the cells of the hippocampus [16]...
4	The idea of the formation of a cognitive map was first proposed by Tolman [45] in the late 40s and was later **supported by the discovery** of place cells by o keefe and dostrovsky [35]
5	The **striking discovery** of place cells in the rat hippocampus [51] has triggered a wave of interest on spatial learning that holds until today

从性质分类结果来看，89%的引用属于中性引用，占据的比例远多于其他两类，所以本研究对中性引用的功能又进行了详细划分：

① 相关研究背景或介绍。

② 理论基础，包括概念、原则、方法或结果的引用。

③ 实验基础，包括实验条件、流程、环境和结果。

通过对这些中性引用进行深入分析，发现有 114 条中性引用出现在施引文献的综述中，这些引用对于施引文献来说，只起到研究背景的作用；有 49 条引用内容为理论基础类型引用，出现在文章的概念与方法介绍部分，在此部分中引用最多的是对位置细胞概念的引用。因此，O'Keefe 的论文在这些文章中主要起到理论支撑的作用。在 204 条中性引用中，还有 41 条引用属于实验基础类别，既施引文献引用了 O'Keefe 中的实验环境与方法，其中引用次数最多的是 CA1 神经元激发实验和啮齿动物研究实验。

综上引用内容的分类可以看出，O'Keefe 的高被引论文在他人研究中的作用主要体现为以下几方面：

① 位置细胞的发现，让人们对海马区的认知导航机制有了更深入的认识，同时也为海马区导航功能研究提供了研究基础和依据。

② 位置细胞概念的提出，为人们研究位置细胞、方向细胞和网格细胞及其导航定位功能提供了理论基础。

③ O'Keefe 设计的大鼠空间位置实验，为人们发现方向细胞和网格细胞提供了实验基础，同时人们也在大鼠海马区测试实验的基础上，扩展了神经元激发实验以及其他动物位置细胞研究实验。

6.4 案例总结

本研究以 O'Keefe 的一篇高被引论文为案例，从引用内容的主题和功能角度对这篇论文的影响力进行分析。与论文被引频次相比，引用内容分析可以提供更多的被引信息，包括这篇论文为什么会被引用、如何被引用、具体哪些主题被引用、对他人工作有何影响等。

采用引用内容的主题和功能对论文影响力进行研究时，需要满足两个条件：一是评价对象的被引频次要达到较高的阈值；二是评价对象的引用内容信息可以获取。

本研究的应用价值主要体现在两方面：一方面，本研究所采用的引用内容主题和功能分析方法可以推广到其他高被引论文评价研究中，探索不同领域中高被引论文的被引动机差别以及论文高被引的形成机制；另一方面，为论文的综合评价提供方法论基础，将论文被引频次与引用主题和功能相结合，通过宏观评价与微观评价相结合的方式对单篇论文质量进行评价。

本案例研究虽然提出了从引用内容主题和功能角度对论文影响力进行分析，但在实验结果分析中，并不是完全的定量评价研究，论文的具体影响力需要通过人工判别方式来说明。因此，本研究中的方法只适合单篇论文影响力分析，并不能实现定量对比分析。但是，如果将本研究中的引用内容主题和功能量化，并与引用频次相结合，就可以实现多篇论文质量评价研究，具体量化方法如下：

引用内容主题的量化主要是比较引用内容主题与施引文献主题的差别，差别越大，说明引用内容的主题影响范围越广，具体量化比较可以通过信息熵或向量空间模型方法来实现。

引用内容功能的量化主要是对正面引用、负面引用和中性引用赋予不同的权重，同时对中性引用中的不同引用类型也赋予不同权重，权重赋值可以通过调查问卷及层次分析法来实现。

对论文的质量进行综合评价时，需要综合三方面信息：一是每条引用内容的功能量化信息；二是引用内容整体的主题量化信息；三是这篇论文的被引频次。

参考文献

[1] VAN NOORDEN R, MAHER B, NUZZO R. The top 100 papers[J]. Nature, 2014,514(7524): 550-553.

[2] IOANNIDIS J P A, BOYACK K W, SMALL H, et al. Bibliometrics: Is your most cited work your best?[J]. Nature, 2014,514(7524): 561-562.

[3] LIU S, CHEN C. The differences between latent topics in abstracts and citation contexts of citing papers[J]. Journal of the American Society for Information Science and Technology, 2013,64(3): 627-639.

[4] TOUTANOVA K, MANNING C D. Enriching the knowledge sources used in a maximum entropy part-of-speech tagger[C]//Proceedings of the 2000 joint SIGDAT conference on empirical methods in natural language processing and very large corpora: Held in conjunction with the 38th annual meeting of the association for computational linguistics-volume 13. Hong Kong: Association for Computational Linguistics, 2000:63-70.

[5] WANG B, LIU S, DING K, et al. Identifying technological topics and institution-topic distribution probability for patent competitive intelligence analysis: A case study in LTE technology[J]. Scientometrics, 2014,101(1): 685-704.

[6] HOFER K, SMEJKAL A, BILGIN F, et al. Conference proceedings as a matter of bibliometric studies: The academy of international business 2006—2008[J]. Scientometrics, 2010,84(3): 845-862.

[7] LEE K S, CROFT W B, ALLAN J. A cluster-based resampling method for pseudo-relevance feedback[C]// Proceedings of the 31st annual international ACM SIGIR conference on research and development in information retrieval. New York: ACM, 2008:235-242.

[8] ZHANG J, XIE J, HOU W, et al. Mapping the knowledge structure of research on patient adherence: Knowledge domain visualization based co-word analysis and social network analysis[J]. Plos One, 2012,7(4): e34497.

[9] LIU S, CHEN C, DING K, et al. Literature retrieval based on citation context[J]. Scientometrics, 2014, 101(2): 1293-1307.

第 7 章　基于引文分析的教育思想传播研究

教育思想是探究教育理论、教育学说以及教育方法的教育学科的重要组成部分，能够指导教育实践的开展，是教育学不容忽视的重要研究领域。但当前教育思想研究对过程性的教育思想传播与影响进程的关注较少，且近年来教育思想研究鲜有突破，研究方法单一，难以满足信息化发展数字史料激增、知识膨胀背景下的教育学相关研究运用。本章在此背景下，在教育思想研究的方法层面思考其进一步发展突破的路径。在参考国内外关于教育思想研究的相关成果基础上，将文献计量方法引入教育思想研究，将其与传统的文献分析、历史分析等方法相结合，探寻教育思想传播与影响特征。本书选取了在高等教育领域有较大影响的伯顿·克拉克的高等教育“冷却”思想在学界的传播过程，综合运用文献计量方法中的词频分析法、共词分析法、引文著录分析和引用内容分析等方法，对其传播与影响的特征与过程进行深入分析，得出该思想传播的特征包括：传播时间方面，在传播初期具有较强的波动性，在传播后期则呈现较为稳定的传播趋势；传播空间方面，该思想在传播初期主要传播影响教育发展状况相近的国家，之后逐渐传播到其他国家以至于在全球范围内扩散；传播影响主题方面，该教育思想传播扩散的初期，传播的主题较为集中在该思想本身所处的研究领域，随着该教育思想的影响不断扩散，该教育思想的传播也逐渐扩散到其他相关研究领域，同时影响的主题也不断丰富；传播进程中探究发现，该教育思想所在文章被不同性质的引用，对教育思想传播所起到的作用有所不同，在探究传播与影响情况时应对其引文性质进行分析。

7.1　教育思想研究的理论与方法

7.1.1　教育思想研究的理论分析

关于教育思想的界定，肖建彬[1]认为教育思想是一种主体是人的认识，是基于相关经验的对教育实践的一种主观反映，主要包括教育主张、教育理论、教育学说等。教育思想是教育学者主要的教育主张与观点，通过对教育学者著作及文章的深入研究，可以从中探寻教育学者所持有的教育思想主张。任时先[2]也对教育思想进行过相关界定，他认为教育思想是关于教育的一种哲学的、科学的主张，并且根据这种主张能规划出实践的方法。该界定更加倾向教育思想的实践意义，教育思想的意义与价值也在于其对教育实践的影响。还有学者认为教育思想就是历史上出现过的系统性的带有普遍性的教育主张，并且这些主张揭示了教育的本质、本真和本原[3]。

本书将教育思想界定为能够为教育实践起指导作用的教育理论、教育主张及教育观点学说等。教育思想是教育发展历程中所积淀的经验与观点，对教育的发展起着重要的指导作用，但教育思想的传播及其影响力的扩散过程和传播规律是教育思想研究不容忽视的研究方向，有着重要的过程性意义。通过对教育思想的影响与传播规律的研究，人们可以了解到教育思想在教育发展历程中是如何扩散、如何被学界所认识应用，以及如何被实践所运用、发展及改进的。因此，教育思想传播特征研究是教育思想研究不容忽视的关注点。

教育思想多种多样，所处时代有所差异，传播方式也多种多样，其中当代教育家的思想较多依托于教育学者及教育家的著作或文章，这些文字资料即是我们探寻教育思想传播与影响的重要资源，我们可以充分利用文献资料来深度挖掘分析教育思想的传播与影响的过程性特征及发展演进历程。本书所探讨的教育思想传播主要为当代教育思想，且教育思想通过依托于文章或著作的形式来呈现。

传播是人类交换和共享信息的过程，是人与人、人与社会之间，通过有意义的符号进行信息传递、信息接收或信息反馈的活动[4]，可以认为传播是包括人们可以交流的一切事物，包括观点、消息、思想等。传播的词源解释为广泛散布。传播有着广泛的意义，本研究中的传播指的是思想影响不断扩大，其价值不断为学界所认识的过程。文献之间的引用，即表明作者认同或反对以往的研究、承认其研究意义和价值的表现。本书将教育思想在学术成果中的引用行为定义为该教育思想在学术研究领域的一种传播形态，即该教育思想在学界的传播，通过这种引用使其影响更为广泛、价值更为显著。

当前，教育思想研究较多以教育家为主体，对其学术生涯中的教育思想进行述评。传统的教育思想研究所采取的研究方法多为历史分析法和文献分析法，对教育思想在某一领域内的具体影响状况进行分析，其研究建立在历史文献资料基础之上，是对以往相关研究的具体再分析和归纳总结，对教育思想的具体内涵及传承过程中的具体影响情况进行概述。对于教育学派的主要教育思想研究，则一般是学派内各思想家的思想观点的组合体，按照时间先后、学术贡献的大小和学术地位的高低来呈现具体的思想观点。由此可见，当前我国学界对教育思想研究所采取的研究方法较为单一，呈现方式也相对局限，难以对教育思想影响与传播的进程进行描述，难以了解教育思想自产生到逐步发展影响力扩散的进程。

教育思想研究所采取的研究方法，无论是历史分析法还是文献分析法，均是基于教育思想相关的历史文献资料，对文献进行深入分析，基于分析结果进行个人思辨性质的解释和阐述，而对教育思想的影响与传播进程关注较少，较多关注的是已经产生的结果性的影响与作用。历史分析法和文献分析法归根结底是以历史文献资料为研究基础的，历史文献资料也是知识的重要组成部分，那么传统的教育思想研究方法即是以知识为研究基础，基于对知识的挖掘分析和理解，对其进行深入的分析和解释。由此可以认为，传统的教育思想研究即是在对历史文献的知识挖掘基础上综合研究者个人思辨分析结果所形成的研究，归属于知识分析研究层面。

对知识的分析和理解是我们研究的基础，传统的教育思想研究出现的危机与其单一的研究方法有着一定的关系，对历史文献资料的深入分析与挖掘将是教育思想研究良性发展至关重要的发展方向，是教育思想研究发展的重要推动力。因此，我们应该关注知识分析挖掘的优势方法，将其与传统的教育思想研究方法相结合，以推动教育思想研究持续发展。

7.1.2　文献计量方法研究教育思想的可行性分析

文献计量方法当前已经在教育学、历史学等多学科领域有着重要的应用。文献计量方法是一种有效的知识挖掘方法，可以在数字史料愈发丰富的背景下，帮助人们对其进行深入的挖掘和分析，以发现数据背后的教育思想传播规律。文献计量方法之下包括多种具体可操作的数据分析处理的研究手段，结合教育思想传播与影响规律的研究实际，本研究试探讨词频分析法、共词分析法和引文分析法（包括引文著录分析和引用内容分析）在理论层面应用于教育思想研究的可行性。

1. 词频分析法在教育思想主题研究中的应用

词频分析法属于内容分析法之一，是文献计量方法中最为基础的方法，其深层次原理是探寻词频的波动和社会现象、情报现象之间的内在联系，透过词频现象来认识内容本质[5]。词频分析方法被广泛应用于研究主题探析、研究热点、发展趋势等方面的研究中，有研究显示超过 60%的热点类文章中应用了词频分析法[6]。

词频分析法主要利用关键字或主题词的频次来概括和表述文献核心内容，进而了解该领域研究趋势方向的文献计量学方法[7]。假设一个关键词或主题词在文本中多次重复出现，即说明该关键词或主题词所表征的研究主题就是该领域的研究热点。本书将利用此方法了解在教育思想的影响与传播演进过程中教育思想传播领域与主题情况。

在教育思想的传播、扩散过程与规律研究中，了解教育的影响领域和主题是探寻教育思想演进的必要内容。传统的教育思想研究更多关注教育思想本身的内容，从教育思想所处的领域来判断其所影响的领域，或仅依据已有文献的相关论述来了解教育思想的影响与传播领域，并未对教育思想的影响内容进行计量分析，可信度及准确性有限。借助文献计量方法可以有效地弥补传统文献分析方法的不足，增强研究的准确性与合理性。可以通过对某教育思想所在文献的被引数据的关键词或主题词词频的分析，厘清其影响与传播的具体主题和领域，因此，探究教育思想的影响与传播规律，可以借助词频分析法，从承载该思想的文章及著作入手，通过对其引文进行词频分析来了解思想的影响领域范畴。词频分析一般需要借助文献计量软件来实现，提取文献中的关键词或主题词，随后对其进行词语统计，以及去除重复及躁词等预处理，进而得到某一教育思想影响具体领域的关键词情况，从而依据关键词的主题内容对教育思想的影响领域有更深入的了解。

2. 共词分析法在教育思想主题研究中的应用

共词分析法是内容分析方法的重要组成部分，也是文献计量学领域较为成熟的研究方法之一。共词分析法的基本原理是通过统计文献集中出现的词汇对共同出现的次数，以此为基础对这些词进行聚类分析，从而确定这些词所代表的研究领域情况及各主题之间的关系。共词分析法是在理想状态下进行的，其假设前提是该方法得以应用的必要前提。文献作者均认真地选择术语及相关词汇作为文献主题词，这种状态意味着词汇之间存在着同一种关系认可，这种关系认可将这些词汇联系起来，共同表征此文献研究的科学领域[7]。

同时，概念术语的词源选择是共词分析过程中最重要的环节。由于关键词本身具备概况性和便捷性，且是文献核心内容的提炼，高度概括了文献的基本内容，因此较多研究采用关键词作为共词分析单元。同一文献中的主题词对相互关联构成共词网络，从而反映各主题内容的关联度，呈现文献研究主题演变及发展趋势，帮助我们呈现教育思想传播主题所构成的网络，从而对传播主题有更深入的了解。

3. 引文分析法在教育思想影响与传播历程研究中的应用

引文分析法从 1955 年美国著名情报学家加菲尔德提出至今已有 60 多年，其发展和应用已较为成熟。我国于 20 世纪 60 年代开始逐步引进引文分析方法，随之越来越多的研究者运用引文分析法探寻引文特征及背后的意义。引文分析法因其对引文文献的深入挖掘，在探寻某一领域研究脉络的发展趋势等相关研究中发挥着重要作用。在教育思想传播与演进相关研究中，引文分析法可以帮助人们了解某一教育思想的发展脉络，深层挖掘教育思想的传播与发展演变。

引文分析法主要围绕两个方面展开：一是基于著录信息的引文分析，主要基于参考文献的著录信息展开，包括以引用频次为代表的引文描述性统计分析和引文网络分析，本研究将这种基于著录信息的引文分析称为宏观的引文分析法；二是引文分析法发展到新的阶段，开始出现了深入施引文献正文内容，进而探查引用功能和引用动机的引用内容分析，本研究将基于具体的引用内容的引文分析称为微观的引文分析法。宏观的引文分析法，基于文献引文信息的描述性统计进行有关文献引文信息的基本数量及数量间的规律性特征的分析，同时关注相关文献间的相互联系和影响关系，如文献的关键词共现、作者合作关系、机构合作关系、期刊间关系等，运用可视化的技术手段将其呈现。引用内容分析法为全文引文分析法之一，是引文分析法新的发展方向。宏观的引文分析较多关注引用频次等相关指标，并不关注引用的具体内容，难以有效地发现引用内容中隐含的语义信息、揭示引用背后真正的规律所在，而引用内容分析方法则可以很好地弥补宏观引文分析法的不足。

本书拟探寻教育思想传播的过程性特征，以伯顿·克拉克高等教育“冷却”思想为研究对象，将文献计量方法作为主要的研究方法，并将其与传统的教育思想影响研究相结合，了解教育思想的传播过程。其中，文献计量方法中的词频分析法、共词分析法及引文分析法是本研究主要运用的研究方法。

7.1.3　基于文献计量方法的教育思想研究理论模型的建构

1. 词频分析法和共词分析法应用的理论模型

在探究教育思想影响与传播的主题研究中，将运用词频分析法和共词分析法来呈现教育思想影响主题及主题演变情况。词频分析法基于教育思想所在文献的施引文献数据，通过词频分析软件，对高频关键词进行提取和分析，识别其所代表的研究领域，从而了解教育思想传播的领域和方向，探索传播主题情况。通过对不同时期的施引文献进行词频分析，可以了解教育思想每个阶段的影响主题情况。同时利用共词分析方法对施引文献的引用内容进行共词分析，当两个主题词同时出现在一条引用内容中时，表示这两个主题词所代表的研究领域具有一定的关联性。通过共词分析方法分析不同阶段教育思想传播的主题情况，进而了解教育思想传播过程中的转折和变化。教育思想传播理论模型如图 7-1 所示。

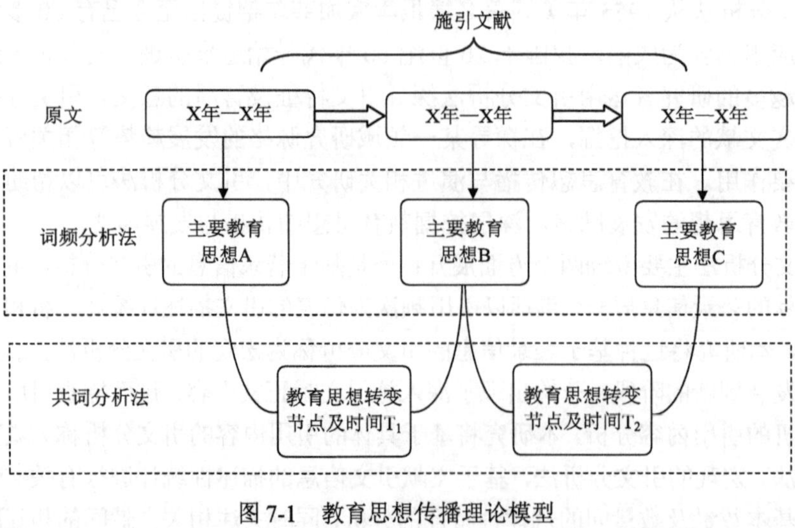

图 7-1　教育思想传播理论模型

2. 引文分析法应用的理论模型

在探究教育思想影响与传播的主题研究中，将运用引文分析方法对教育思想影响与传播进程进行研究。基于教育思想所在的目标论文引文数据，利用引文的著录信息对教育思想影响进行宏观的引文分析，了解教育思想影响的具体学科领域、国家分布、影响时间延续性等。利用引用内容分析方法对教育思想在传播过程中引文的引用性质、引用功能进行分析，从而了解教育思想传播特点及影响。理论模型如图 7-2 所示。

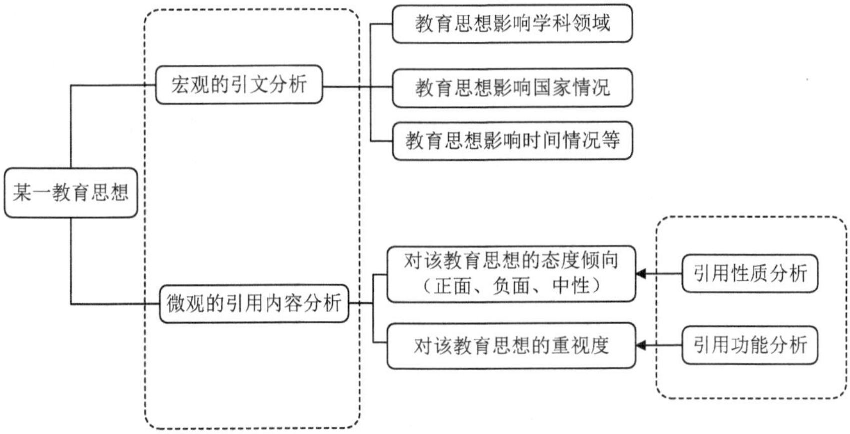

图 7-2　引文分析法应用的理论模型

7.1.4　伯顿·克拉克高等教育“冷却”思想的选取

1. 高等教育“冷却”思想的选取依据

为论证文献计量方法在教育思想影响与规律研究中应用的可行性，作者拟在高等教育研究领域选取某一教育思想进行实践验证。

文献计量方法的使用需要借助该教育思想所著或所载文章、著作等的引文数据，因此更适用于探究教育思想收录于数字数据库中的实际案例。在高等教育发展进程中，高等教育大众化进程是其中最为关键的一个发展阶段。在美国高等教育大众化阶段，高等教育就学人数与高校容纳人数之间产生了较大矛盾，当时的高等教育发展规模无法满足适龄青年的就学。在这样的情况下，美国高等教育研究者纷纷阐述自己的解决方案。伯顿·克拉克为化解美国高等教育中维持外在入学机会均等公平与维护高等教育内部优秀的矛盾，主张用一种“冷却”的方式来处理以上矛盾，伯顿·克拉克在“The ‘Cooling-Out’ Function in Higher Education”一文中首次提出了美国高等教育“冷却”的概念，“冷却”（cooling out）过程是一个隐性的制度设计过程，它鼓励那些学业期望值超过学业能力的社区大学生放弃转学，转入学位课程的学习[8]。“冷却”即是为学业成绩较差的学生开辟另一条走向成功的道路[9]，以缓解四年制大学的数量及师资各方面的压力。具体的另一条道路是依据学业成绩及表现将学生分流，成绩较好的学生升入四年制大学或学院，而成绩较差的学生则进入两年制的公立初级学院。伯顿•克拉克“The ‘Cooling-Out’ Function in Higher Education”一文一经发表就引起美国学界广泛关注，高等教育“冷却”思想在美国最先得到实践，对缓解美国当时高等教育资源与就学人数激增的发展矛盾起到重要作用。随着全球高等教育大众化的持续推进，伯顿•克拉克这一“冷却”思想，对多国高等教育应对大众化发展中的问题持续发挥着指导作用。但是也有研究者对这一“冷却”思想持质疑批判的态度。在我国，伯顿•克拉克的高等教育思想也有着广泛的传播，其中高等教育“冷却”思想在我国学界也产生了一系列讨论。徐春霞对伯顿•克拉克的美国高等教育“冷却”思想进行了详尽的述评，包括对该思想提出的背景、操作过程及引发的纷争等相关方面[8]，在对美国社区学院的社会角色进行探析时，也借用了伯顿•克拉克所提出的关于美国社区学院的高等教育“冷却”功能思想。在我国高等教育大众化持续发展的今天，高等教育“冷却”思想对维持高等教育稳定、高质量的发展也有着一定的借鉴作用，具体应结合我国具体实际，理性地吸收与借鉴。

因此，了解高等教育“冷却”思想的具体传播与影响规律对我国高等教育发展具有重要借鉴意义，且当前缺少对该思想的传播进程进行整体梳理的研究。综合以上分析，本研究选取了在世界范围内影响力较大的美国高等教育学者伯顿•克拉克的高等教育“冷却”思想作为研究对象，来探寻其传播特征。

2. 高等教育“冷却”思想的数据来源及处理

伯顿•克拉克的高等教育“冷却”思想来源于其 1960 年发表的“The ‘Cooling-Out’ Function in Higher Education”一文，该文章即为本研究的目标论文。该文章是承载教育理论及思想的载体，分析其影响情况能够探寻教育思想的影响与传播特征，本研究主要基于其引文数据进行分析研究。

以 Web of Science 核心合集作为数据源，以伯顿•克拉克高等教育“冷却”一文即“The ‘Cooling-Out’ Function in Higher Education”为标题进行检索，可以发现该目标文章自 1960 年发表以来截至 2019 年 11 月 30 日，共计被引 337 次，在被引频次上并非高影响力的文章，但是该文章为高等教育领域带来的影响远远超过于此。在数据库中下载该文章的施引文献的著录信息，并将施引文献的全文内容进行下载，由于数据库获取全文的限制，本研究共下载了 151 篇施引文献的全文内容，以进行引用内容的提取和分析。

7.2　教育思想传播的主题研究

基于文献计量分析的思路，教育思想主题研究可以从两个分析视角来探究。一是基于该思想所在文章的施引文献的引用内容主题词共词分析，了解该思想所影响的研究主题，探寻该思想在传播进程中，其他学者是基于该思想的哪些观点和主张来开展研究，进而使得该思想不断传播的。二是基于该思想所在文章的施引文献思想，利用词频分析方法来了解该教育思想影响主题，探寻该思想在传播进程中是如何逐渐发展演变、影响了哪些相关研究领域等。

7.2.1　基于引用内容的教育思想主题共词分析

文献间的引用是思想传播与扩散的重要途径，通过对施引文献的分析和利用，可以帮助我们了解教育思想的传播和影响主题情况。基于该教育思想的施引文献的引用内容数据，来了解教育思想的传播和影响主题情况，同时利用共词分析方法来呈现引用内容中的主题词共现情况，从而反映研究主题。共词分析法了解的是施引文献所集中关注的主题、有哪些主题词是共同被引的词，反映的是在研究主题趋势形成之后所关注的焦点主题，能够更为深入地了解教育思想在传播过程中各阶段研究所关注的趋势有何特征或变化。

1. 数据来源和共词抽取

对施引文献的主题进行详尽划分，是了解本研究中高等教育“冷却”思想的具体影响主题及研究领域的重要方法。主题的划分主要基于引用内容文本的具体内容，但整体的引文内容难以将主题进行区分，因此本研究从中抽取重要的名词短语，运用共词分析方法，通过对名词短语聚类来进行主题划分。在统计名词短语时，如果一条引用内容中包含两个或多个同样的名词短语，仅将其作为一次统计，并采用 Pajek 软件对引用内容中抽取的短语构建共现网络。Pajek 为大型复杂网络分析工具，可以为我们提供可视化的网络关系。

基于 151 篇施引文献全文共收集到的 162 条引用内容文本，从软件标注的名词短语中人工筛选具有实际意义的主题词，统计多篇文章共有的重复主题词，共计得到 350 个相关主题词。

2. 高等教育“冷却”思想传播主题演变分析

表 7-1 呈现了排名前 30 的高频主题词，“community colleges”和“cooling out”是出现频次最高的主题词，分别达到 67 次和 60 次，four-year colleges 及 two-year colleges 也是频次较高的短语。通过对目标论文原文的分析，可以发现这些高频共

现词均是在目标论文中多次出现的名词短语。伯顿·克拉克在论文中提出的主要观点即是美国通过社区学院，也就是两年制大学来分流升入四年制大学的学生数，以此缓解高等教育大众化阶段的入学危机问题，伯顿·克拉克在文中也多次提出“cooling out”这一过程。

表 7-1　目标论文引用内容中频次排名前 30 的共现名词短语

序号	主题词与特征词	频次	序号	主题词与特征词	频次
1	community colleges	67	16	educational expansion	4
2	cooling out	60	17	baccalaureate-granting colleges	4
3	four-year colleges	26	18	educational attainment	3
4	two-year colleges	18	19	social stratification	3
5	cooling out function	13	20	terminal degree programs	3
6	bachelor's degree	12	21	conflict theory	2
7	cooling out process	10	22	consumer-choice model	2
8	junior college	10	23	economic insecurity	2
9	lower students' expectations	10	24	educational achievement	2
10	limiting opportunities	9	25	educational goals	2
11	vocational programs	9	26	higher education	2
12	college aspirations	8	27	individualised failure	2
13	postsecondary education	7	28	secondary school degree	2
14	Students' aspirations	6	29	self-selection	2
15	baccalaureate degree	5	30	warmed up	2

同时，表 7-1 中也有“limiting opportunities”“social stratification”等这类并未在伯顿·克拉克高等教育“冷却”思想原文中进行深入阐述的名词短语，通过这些名词短语并结合其所处的引用内容原文，可以发现有较多研究以伯顿·克拉克所提出的“冷却”思想为基础，并结合高等教育发展实际来进行的延伸性的研究和论述。针对社区学院的功能进行了较多的讨论，其中既有赞同社区学院能够对高等教育起到“冷却”作用的观点，也有学者对社区学院的作用持质疑态度。其中 1990 年 Katherine McClelland 在其发表的“Cumulative Disadvantage Among the Highly Ambition”一文中，通过对全美高中生纵向研究的子样本进行分析，探究了早期受教育学校种类与职业期望的变化，其在引用伯顿·克拉克高等教育“冷却”思想时，将其与卡拉贝尔对社区学院功能的质疑放在一起讨论，多次提到了“lower students' expectations”短语，研究认为就读于精英大学对所有人的未来职业发展都是有益的，社区学院对学生学业发展的作用受到质疑。

3. 高等教育“冷却”主题词共现的可视化呈现

为进一步划分引用内容的具体研究主题情况，本研究根据抽取出来的主题词短语关联性，运用社会网络分析软件 Pajek 绘制了引用内容主题共现图。根据主题词间的共现关系，图谱分为两个部分，如图 7-3 所示浅色属于同一主题的短语，深色属于另一主题的短语。

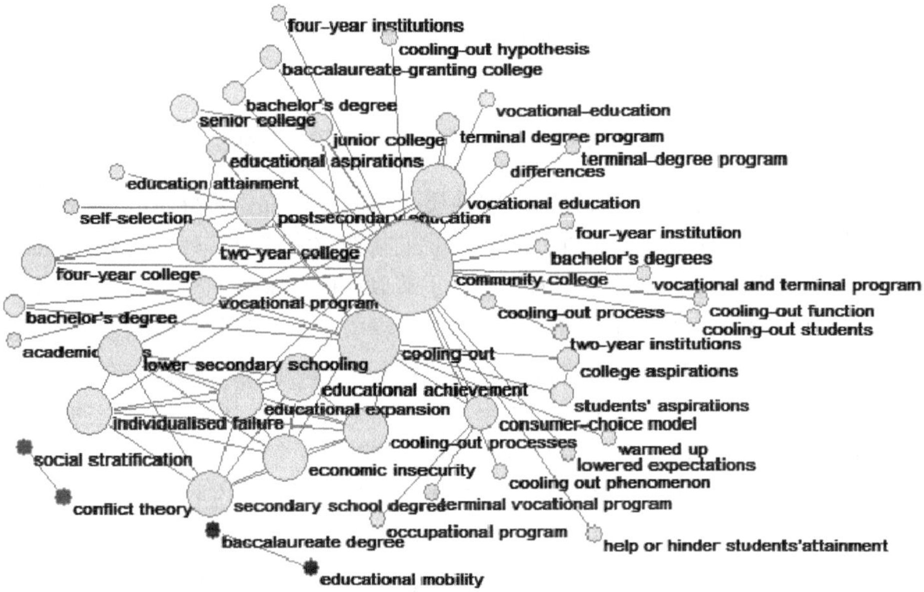

图 7-3　引用内容主题词共现图

第一部分即浅灰色聚类，其中的节点数量较多且节点较大，节点均以 community college（社区学院）和 cooling-out（冷却）这两个高频主题词为中心四散分布，这些主题词均是与高等教育“冷却”过程相关的研究，主要包括 community college、vocational education（职业教育）、cooling-out process（冷却过程）等主题词，这部分内容在伯顿·克拉克的文章中也有较多论述。第二部分即是深色聚类分析，其中共包括四个节点，分别是 conflict theory（冲突理论）、social stratification（社会分层）、educational mobility（教育流动性）和 baccalaureate degree（学士学位）。通过对这些主题词及相关引文内容的分析可以认为该聚类主要呈现的是“冷却”思想背后的社会影响与意义，这部分在目标论文中较少涉及，是对于其思想的进一步传播和发展。可以认为这两大类研究主题是伯顿·克拉克高等教育“冷却”思想被后人所传播与认识最多的主题，该教育思想被传播下来的主要部分也是这两大研究主题。

7.2.2 基于词频分析的教育思想传播主题研究

教育思想传播与影响的研究是教育思想研究领域中较为基础的研究领域，较多学者对教育思想的影响主题进行研究，但研究通常集中在某一教育思想在某一领域所产生的影响，而对教育思想整体的影响主题缺乏论述，同时对影响与传播过程中所影响的研究主题关注更少。为了了解教育思想在影响与传播过程中的影响主题，本研究将目光聚焦到教育思想所在文献的施引文献数据上。伯顿·克拉克高等教育“冷却”思想所在的目标论文的施引文献数据，其研究主题和方向在一定程度上可以代表该思想影响的主题和方向。

1. 高等教育“冷却”思想的施引文献关键词提取与处理

继承性和发展性是科学研究的基本性质，这就意味着任何科研成果都是建立在别人的研究和发现基础上而进行的[10]。我们将在学术成果后列出的参考文献的这一行为称为引证行为，引证行为是读者了解以往研究基础的重要来源，同时表明了对以往研究成果的认可，在学术论文中参考文献是必需并且极为重要的组成部分。那些引用了伯顿·克拉克高等教育“冷却”思想的相关研究，对“冷却”理论起到了一种传播与继承发展的作用，通过对这些文献（即目标论文的施引文献）的分析，可以探寻出教育思想影响与传播脉络。

本研究为探寻伯顿·克拉克高等教育“冷却”教育思想在传播过程中对学界产生的影响与价值主要集中在哪些主题和研究领域中，以施引文献作为研究数据来源。基于高等教育“冷却”一文的施引文献，借助计量学软件 Citespace，将施引文献中的关键词及主题词进行提取。关键词是论文的提词符，对探寻影响主题情况起着线索和标志的作用。Citespace 是功能强大的文献计量可视化软件，是探寻研究热点、研究主题变化趋势的重要数字化分析工具。将施引文献中的关键词进行提取，并进行去重等相关处理后，共计得到 269 个关键词短语，供下一步分析。根据高频关键词的分布情况，结合施引文献的内容对伯顿·克拉克高等教育“冷却”思想的传播主题进行分析。

2. 高等教育“冷却”思想传播主题分析

将提取出的关键词按出现频次进行排序，本研究将频次高于 15 的高频关键词进行呈现，表 7-2 中所列出的 18 个关键词即为高等教育“冷却”思想施引文献中的关键词情况。

表 7-2　被引文献的高频关键词列表

序号	关键词	频次	序号	关键词	频次
1	community colleges	61	10	educational aspirations	17
2	cooling-out	60	11	vocational education	16
3	four-year colleges	54	12	baccalaureate degree	16
4	two-year colleges	40	13	cooling-out effect	15
5	cooling-out process	32	14	cooling hypothesis	15
6	bachelor's degrees	27	15	high aspirations	15
7	junior college	26	16	senior college	15
8	cooling-out function	18	17	warmed up	15
9	postsecondary education	17	18	academic goals	15

从表 7-2 中我们可以看出，出现频次最高的关键词为 community colleges，即为社区大学一词，可以认为较多关于社区大学或社区学院的相关讨论引用了伯顿·克拉克高等教育“冷却”这一研究成果，社区学院所代表的研究方向是影响最大的研究领域。实质上 two-year colleges 这一关键词，其实质所指向的研究主题也是社区学院。结合目标论文所处的研究背景对关键词进行分析，社区学院这一词并不是伯顿·克拉克在目标论文中所提到的关键词，但是高等教育“冷却”目标的达成是需要社区学院来完成的。社区学院是在第二次世界大战后，美国高等教育规模不断扩张的背景下高等教育发展的产物。伯顿·克拉克是结构功能主义的代表人物，他在本研究的目标论文中阐述了社区学院对高等教育所起到的“冷却”作用，认为社区学院是一种中转机构，那些在进入四年制大学竞争中失败的学生，可以继续就读社区学院，在其中可以进行职业方向的重新确定，并且对于那些成绩优异的学生将有机会转入大学继续学习，不同学者对其地位的认识与看法也并不一致。

有学者通过实证的手段将社区大学入学机会的变化作为工具变量，来解决大学类型的自我选择问题，结果显示两年制的社区大学中，从四年制大学转学的学生完成的教育年限较短，社区大学可能增加了总的受教育年限，但似乎并没有改变学生获得学士学位的可能性。在文中该作者对于伯顿·克拉克所提出的“冷却”思想所持有的观点是质疑的，并通过实证研究验证了自己的观点，认为虽然社区学院接纳了一定数量的学生入学，但在实质上并没有影响取得学士学位的数量，该思想并没有对教育质量起到真正的推进作用。以这篇施引文献为例，结合具体的引用内容呈现关键词的具体应用语境与状态，来说明关键词虽然能够在一定程度上代表教育思想的影响主题和领域，但是具体的影响情况我们是无法判断的，是正面还是负面的引用，到底对该思想的影响传播起着什么样的作用，并不能清晰呈现，因此关键词所代表的主题分析仅仅是宏观的影响领域。

cooling-out、four-year colleges 也是出现频次超过 40 的关键词，代表着较为广泛的研究方向。其中“冷却”一词是伯顿·克拉克在“The ‘Cooling-Out’ Functio in Higher Education”一文中反复提到的关键词之一，在文中伯顿·克拉克认为美国高等教育在大众化的进程中，需要采取一定的措施来缓解高等教育规模急剧扩大的状况，因此他提出了“冷却”一词，希望借助社区学院来承担部分高等教育职能。随着高等教育大众化的持续发展，各国高等教育或多或少地存在着高等教育机构与入学人数的不平衡，这也是高等教育“冷却”这一思想在全球得到广泛传播与影响的原因之一。除以上分析的与目标论文内容较为相关的关键词外，还发现了 educational aspirations、high aspirations、academic goals 等关键词出现的频次也较高，分别代表教育志向、高的（学业）热情以及学术目标。可以看出这类关键词更多的是站在学生的角度来表达其学业目标和学业志向。这类关键词并不是目标论文中多次强调与提出的相关词汇，但却在施引文献的关键词中出现的频次较高，表明这些关键词也是与“冷却”思想密切相关的研究主题。可以看出，以上关键词的主体均是学生，而不是将高等教育作为研究主体，与其他关键词所关注的主题差异也较大。

上文已经对伯顿·克拉克“The ‘Cooling-Out’ Function in Higher Education”一文全部施引文献的高频关键词进行了分析，下面将基于相关关键词，并结合关键词所处的具体文献情况，来探寻目标论文的具体传播与影响主题情况。传统的教育思想研究中对教育思想影响情况的主题探析，更倾向于关注教育思想对某领域或某主题所做出的支持和贡献，对教育思想影响进程中的主题关注较少，本研究基于词频分析方法，将研究视角放在教育思想影响过程中所有的引文信息上，以此来探寻其主题情况，从而更加深入、准确地呈现教育思想影响与传播过程中的主题情况。

（1）关于社区学院对高等教育系统的功能相关研究

伯顿·克拉克于 1960 年正式发表“The ‘Cooling-Out’ Function in Higher Education”一文，当时正处于美国高等教育大众化的发展初期。第二次世界大战后，退伍军人权利法案的颁布使得大量退伍军人得到了接受教育的机会。随着美国经济社会的发展，大学越来越重视实用和科学方面的知识，因此大批退伍军人选择进入社区学院学习。同时受教育平等和受教育权是基本公民权利等民主思想运动的影响，大量妇女、少数民族学生进入高等教育机构进行学习，这也使得高等教育规模急剧扩大[11]。正是在这样的大背景之下，涌现了大量的社区学院。发展规模比较大的公立院校和两年制的社区学院承担了绝大多数的招生任务，伯顿·克拉克正是在这样的社会环境之下，发表了其关于美国高等教育“冷却”的思想。

美国国内四年制大学在高等教育大众化发展初期数量是严重不足的，这些大学仅能为少数通过考试的更优秀的人提供教育机会，但这些大学却又是整个高等教育系统中掌握着最优质教育资源的高校种类。这样的状况在高等教育就学人数扩张的情况下，很难满足所有适龄青年的受教育机会，这也是高等教育大众化时期各国所面临的相对普遍性问题。社区学院自产生以来，其与正式大学的相互联系，以及其在整个教育体系中的定位和价值一直是高等教育界所持续研究探讨的相关议题。

以伯顿•克拉克等为领军学者的结构功能主义学派认为社区大学为传统大学的中继式机构，对当时的高等教育起到了一个“冷却”的作用，是有利于高等教育良性发展的，但与其持相反看法的激进学派和以卡拉贝尔为代表的冲突主义学派认为其是大学的防护机构，是高等教育利益集团冲突和妥协的产物[12]，认为社区学院的发展将不利于美国高等教育公平。从施引文献高频关键词的分布主题上来看，伯顿•克拉克在文中关于社区学院的相关讨论引起了学界的较多关注，虽仅依靠词频分析难以对其具体的影响情况进行分析，但还是能够体现出该思想得到了传播。结合施引文献的具体内容，可以发现在伯顿•克拉克发表其高等教育“冷却”思想后，许多研究引用了伯顿•克拉克该文章对社区学院的功能问题进行深入探究，借该思想来支撑自己的观点或者驳斥社区学院对高等教育的这一“冷却”功能。

（2）关于学生学业志向的研究

从表 7-2 中可以看出 educational aspirations、high aspirations、academic goals 等高频关键词均为与学生相关的主题，学术目标、学业热情等相关关键词，可以认为较多研究引用了伯顿•克拉克“The ‘Cooling-Out’ Function in Higher Education”一文来对学生学业热情进行深入探讨。

伯顿•克拉克在文中认为两年制大学教育让一些学生降低学业抱负，让他们心甘情愿接受两年制学位，这一点也得到了验证，自他这篇文章发表以来，两年制大学在美国高等教育中的作用有了巨大的增长。高等教育在促进美国社会经济流动性方面发挥着重要作用。社会科学家发现，大学学位对职业素养和就业有相当大的积极影响，因此有较多研究对两年制大学对学生教育成就的潜在影响进行评估。在美国高等教育系统中，学生学业成就问题与学位问题相关，同时学业成就问题也是探寻高等教育是如何被“冷却”问题需要明晰的方面。

通过对伯顿•克拉克高“The ‘Cooling-Out’ Function in Higher Education”一文施引文献高频关键词的分析，认为其主要的影响主题分别为关于社区学院的功能与价值的研究和学生学业志向的研究。基于词频分析法的教育思想影响主题研究可以将教育思想在影响与传播中影响最为广泛深刻的研究主题挖掘出来，使我们对教育思想影响的领域有了整体了解。

7.3　教育思想影响与传播的扩散进程研究

教育思想在影响与传播过程中，其过程性的传播与扩散历程对于我们了解其整体传播历程有着重要意义。文献计量方法中的引文分析方法，能够对宏观的引文著录信息和微观的过程性引用特征进行深入分析，了解教育思想影响与传播中的过程性特征。

对于伯顿·克拉克的高等教育“冷却”思想的传播与影响过程研究，本研究主要围绕两个层面来展开：一方面是以引文著录信息为分析载体的传统引文分析，从宏观的著录信息对其具体的影响年份情况、影响学科情况、国家情况等基本状况进行了解；另一方面是以施引文献的正文内容为分析载体，开展引用功能、引用性质等方面的引用内容分析，从而了解教育思想影响进程中的转折和规律，对其传播进程分析更为深入。引文著录信息分析和引文内容分析都是引文分析方法的重要组成，两者不可或缺，能够帮助我们了解教育思想的影响与传播情况。

7.3.1　宏观层面的教育思想传播特征探究

从施引文献的时间分布、期刊分布、学科分布等角度了解教育思想的影响状况，从而整体上了解教育思想的传播特征及历程。

1. 高等教育“冷却”思想影响的时间延续分析

文章被引的时间分布情况，可以反映出文章影响力随着时间的推移逐渐扩散的态势，从时间角度反映知识的传承与发展。本研究将伯顿·克拉克一文的被引时间分布情况绘制成图 7-4。自文章发表于 1960 年起，历年均有被引，由此可以认为伯顿·克拉克此篇文章的影响力是持续至今的。从各年份被引数量上来看，随着时间的推移，此篇文章的影响力呈现波动上升的趋势，并且近 10 年来引用数量增长幅度较大，在 2015 年达到了历年被引次数的最高值 10 次，可见该文章的影响力并没有随着时间的推移而下降，反而出现上升的趋势。由此可见，此篇文章的影响力不断扩大，该思想也随时间推进逐步传播扩散。

同时，纵观该思想的被引年份分布情况，即传播时间历程，可以发现其在传播前期，历年的影响频次有着反复的上升和下降波动，但到了 2000 年以后其被引频次则呈现较明显的波动上升趋势。由此可以认为该教育思想在传播初期具有较强波动性的特征，而传播后期则呈现较为稳定的传播趋势。

但是就不同的教育思想传播而言，传播中影响趋势变动可能有所不同，趋势可能是随着时间的演变，传播及影响力逐渐减弱，或是传播及影响力逐渐增强。

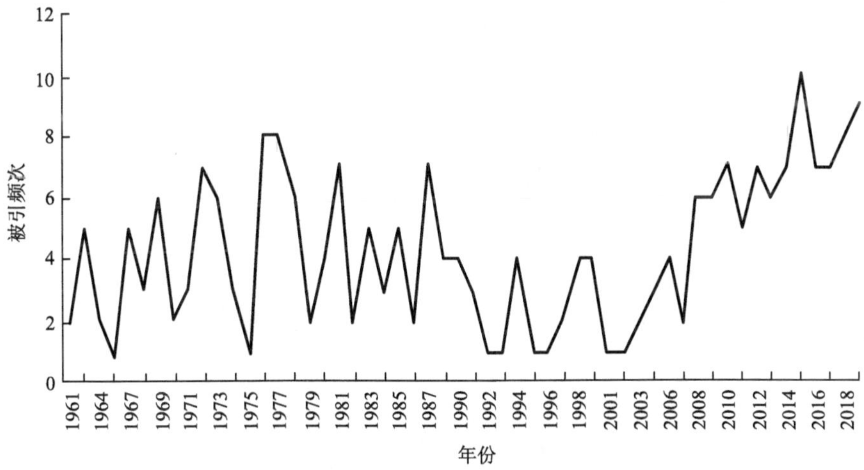

图 7-4　施引文献发表年份分布图

高等教育大众化的发展进程是一个全球逐渐推进的过程，由于欧美发达国家的高等教育水平发展较高，其进入大众化发展阶段的时间也较早。伯顿 • 克拉克的高等教育“冷却”思想提出的背景为美国高等教育大众化时期，在思想提出的初期，其被引情况波动较大，且被引次数较少。但随着更多国家高等教育的持续发展，面临高等教育大众化的阶段与发展问题，这也是该教育思想为何随着时间的演进，其被引情况保持着波动增长趋势的原因，这也很好地解释了该思想传播时间变动情况。

2. 高等教育“冷却”思想的空间传播分析

评价一篇文章的传播及影响力情况，其影响的国家范围是重要的评价指标。整体而言，伯顿 • 克拉克的这篇文章影响的国家数量达到 24 个，影响范围较广。图 7-5 中仅列出前 12 个高频引用的国家情况。其中美国引用次数最高，达到 157 次，大幅度超过其他国家的引用次数，可见该文章对美国高等教育发展、化解高等教育大众化时期的危机产生了深远的影响。除美国外，加拿大、德国和英国对这一文章的引用次数也较多。从被引国家的地域分布上来看，被引国家的地域分布从北美洲的美国、加拿大到欧洲的英国、德国，再到亚洲的日本、韩国，广泛影响了世界各国。同样，伯顿 • 克拉克的高等教育“冷却”思想也对我国高等教育产生了深远影响。

从空间分布上而言，本研究中教育思想的传播特征呈现出由该思想提出的国家开始逐渐影响到与其所处的教育发展水平相近的国家，再逐渐传播至世界其他国家。其中，对该思想所处国家所产生的影响更大。

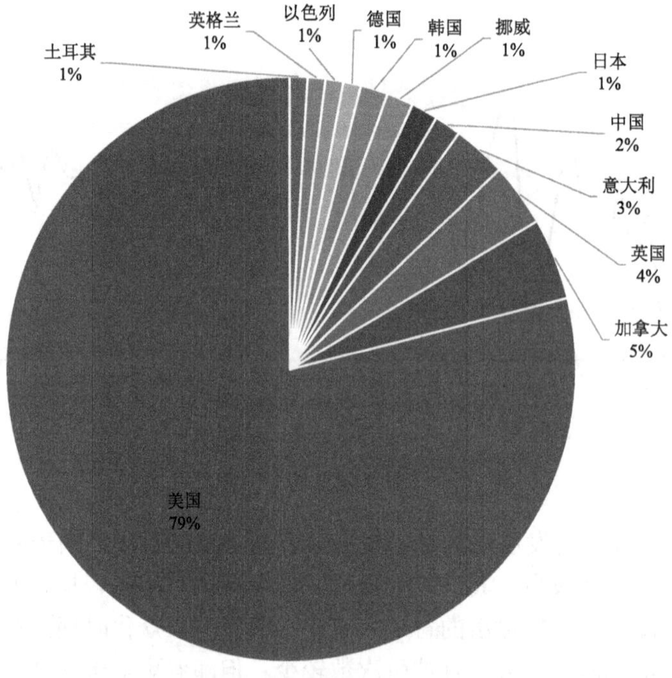

图 7-5　施引文献高频被引国家分布图

3. 高等教育“冷却”思想的期刊影响分析

期刊水平的高低深刻影响着论文的质量与影响力，期刊所属学科及研究领域也能显示出教育思想影响的领域情况。表 7-3 为“The ‘Cooling-Out’ Function in Higher Education”一文的被引文献所刊载的期刊分布情况，本研究中仅列出刊载文章频次排名前 20 的期刊。排名第一位的期刊是 *SOCIOLOGY OF EDUCATION*，近五年的期刊影响因子为 3.832，*JOURNAL OF HIGHER EDUCATION*，其近五年的影响因子为 2.762，排名靠前的 *AMERICAN SOCIOLOGICAL REVIEW*，近五年的期刊影响因子更是达到了 7.143。

通过对施引文献分布的期刊进行分析，发现期刊所属学科多为高等教育或社会学领域，说明伯顿·克拉克此篇文章的传播影响研究领域主要是高等教育学和社会学。通过对伯顿·克拉克的研究领域及成就情况分析，可以发现其主要的学术成就集中于社会学和高等教育学这两大学术领域内，一定程度上可以认为教育家本身所处的研究领域是其教育思想传播和影响的主要领域。可以看出教育思想对其本身所处的研究领域有着显而易见的重大影响，也可以验证高等教育“冷却”思想对伯顿·克拉克本身学术影响的扩大起到了重要作用。

表 7-3　施引文献期刊分布表

序号	来源出版物	记录	序号	来源出版物	记录
1	*JOURNAL OF HIGHER EDUCATION*	11	11	*ECONOMICS OF EDUCATION REVIEW*	4
2	*SOCIOLOGY OF EDUCATION*	11	12	*JOURNAL OF COLLEGE STUDENT DEVELOPMENT*	4
3	*RESEARCH IN HIGHER EDUCATION*	10	13	*REVIEW OF EDUCATIONAL RESEARCH*	4
4	*HIGHER EDUCATION*	9	14	*BRITISH JOURNAL OF SOCIOLOGY OF EDUCATION*	3
5	*TEACHERS COLLEGE RECORD*	9	15	*EDUCATIONAL EVALUATION AND POLICY ANALYSIS*	3
6	*AMERICAN SOCIOLOGICAL REVIEW*	7	16	*REVIEW OF HIGHER EDUCATION*	3
7	*HARVARD EDUCATIONAL REVIEW*	6	17	*SOCIAL FORCES*	3
8	*AMERICAN JOURNAL OF SOCIOLOGY*	5	18	*SOCIOLOGY ED*	3
9	*NEW DIRECTIONS FOR COMMUNITY COLLEGES*	5	19	*SYMBOLIC INTERACTION*	3
10	*SOCIAL PROBLEMS*	5	20	*ZEITSCHRIFT FUR PADAGOGIK*	3

4. 高等教育“冷却”思想的学科领域影响分析

一篇高影响力的文章，其影响一定是传播到其他相关领域的，因此评价影响传播水平需要了解被引文章的研究领域分布。本研究选取的“The ‘Cooling-Out’ Function in Higher Education”一文的施引文献的研究领域共分布于 35 个领域，图 7-6 为施引文献分布数量大于等于 4 次的研究领域。可以看出“EDUCATION EDUCATIONAL RESEARCH”即教育教学研究领域的文章分布最多，达到了 128 篇。其次是社会学领域，有 78 篇施引文献属于社会学相关研究。施引文献的研究领域除教育学和社会学这类伯顿·克拉克所处的研究领域外，还包括心理学、商业经济学、行为科学以及公共卫生等研究领域，其教育思想传播影响广泛。

以上从宏观的引文著录分析角度，对伯顿·克拉克“The ‘Cooling-Out’ Function in Higher Education”一文加以分析。可以得出以下结论：此篇文章的影响力在时间上具有延续性；在空间上具有广延性，对世界多国产生深远影响；施引文献来源期刊质量较高，从一定程度上反映了伯顿·克拉克论文的影响力主要集中于较高层次的专业研究领域，也体现了目标论文的论文质量较高；此文章的传播学科领域主要集中于教育学，但又不仅仅局限于高等教育研究领域，还分布于社会学、商业与经济学以及心理学等研究领域，这些领域对伯顿·克拉克论文的吸收和借鉴较多。

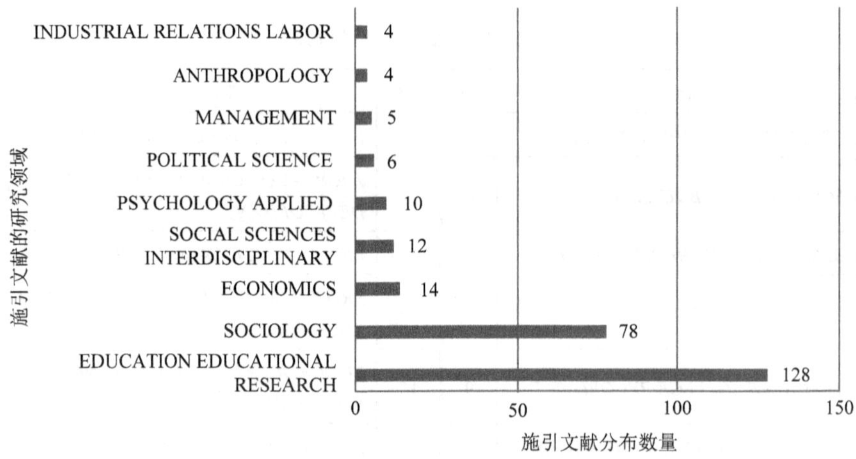

图 7-6 施引文献研究领域分布图

从宏观的引文分析中，清晰地了解了高等教育“冷却”思想自提出以来发展至今的宏观历程，并直观地呈现了整个传播历程的特征，相较于传统的思辨方法及文献方法而言，文献计量方法能够更为高效地呈现教育思想的传播历程。

7.3.2 微观层面的教育思想影响与传播研究

1. 高等教育“冷却”思想的引用性质分析

不同的引用性质与类别，对文章传播与扩散产生的作用并不相同。施引文献出于不同的目的来引用伯顿·克拉克的这篇文章，对该思想的影响与传播有着不同的意义。只有将引用的性质加以区分，才能了解哪些文献的引用是真正对目标论文的知识传承有着推动意义的，也可以明晰目标论文的影响力是如何构建维护的。除引用内容的性质需要加以区分外，引用的功能也需要进一步划分。在引用目标论文时，引用内容是位于全文的哪个位置、起着什么样的作用，都对论文的传播与发展有重要意义。本研究所使用数据样本量较小，因此采用人工判别的手段分析引用性质，进而保障判别结果具有较高的准确度。

引用的性质分为三种，分别为中性引用、正面引用及负面引用。本研究共收集 162 条引用内容的完整信息，通过对其引用性质的人工整理与区分，发现其引文的性质多属于中性引用，达到 136 篇，正面引用 9 篇，其余 17 篇为负面引用。负面引用代表着施引文献中明确表达了对伯顿·克拉克高等教育“冷却”观点的不赞同态度，本研究认为有必要对这些负面引用进行详细分析，判断其是否也对克拉克“冷却”思想的传播与发展起到促进的作用。

对 17 条负面引用所在的文献进行深入分析，从时间上来看，最早发文时间是

1981 年，也就是伯顿·克拉克提出高等教育“冷却”思想的 21 年后，首次出现了对高等教育“冷却”过程整体的质疑研究，完全否定了社区学院对缓解高等教育资源不足压力的作用。这篇对伯顿·克拉克“冷却”观点持质疑观点的文章是由 John B. McKinlay 完成的，全文主要对使用健康和社会福利服务的文献进行系统评价，借高等教育这一公共教育资源来否定社区学院的作用；认为伯顿·克拉克所提出的关于美国高等教育“冷却”的观点是一种维持社会上层阶级成员升入四年制大学的工具，为了维护“雇主”的利益，具有官僚性质，而忽视了最需要接受高等教育的那些人[13]。通过这篇文章刊载的期刊及内容，可以发现其更偏向于社会学领域，并不属于伯顿·克拉克“冷却”思想所属的高等教育学领域。这篇文章虽然对伯顿·克拉克“冷却”思想持否定态度，但也开创性地将“冷却”观点引入社会学研究领域，对“冷却”观点的传播起到了正面的促进作用，拓展了其在社会学领域的影响力。

在负面的引用内容中，Richard Arum[14]于 1998 年发表的“Invested dollars or diverted dreams: The effect of resources on vocational students’ educational outcomes”一文可谓是最为典型的负面引用的实例。文章以“投入美元或转移梦想：资源对高职学生教育成果的影响”为标题，论述了美国高职学生学业出路的相关问题，明确提出了职业教育是一种一直备受批判的教育，因为它将学生从具有学术挑战性的课程中转移到职业课程，逐渐“冷却”了他们接受高等教育的教育愿望和取得成就的期待。作者彻底否定了伯顿·克拉克所提出的利用两年制的职业院校来缓解高等教育过快扩张而大学资源不足的想法。该文章作者所处的 20 世纪末期，正是美国高等教育处于“繁荣”与“调整”的阶段，与伯顿·克拉克提出高等教育“冷却”的第二次世界大战后所处的历史时期有所不同。随着美国高等教育在第二次世界大战后的逐步发展与繁荣，“冷却”观点并不能完全适应 20 世纪末高等教育发展的现状，所以出现了批判性的论述也是合乎情理的事情。作者在质疑伯顿·克拉克的高等教育“冷却”的观点后，又对职业教育发展提出了新的建议，认为各州职业教育的开展与运行需要严格的监控。可以看出，作者对职业技术教育并不是采取一味的否定态度，在某种层面上，可以认为此篇文章是对伯顿·克拉克研究的高等教育领域问题的继续探讨，一定程度地吸收了伯顿·克拉克的观点，在此基础上随着时间的推移，以及高等教育发展的不同现状，提出促进职业教育发展的新观点，从而对伯顿·克拉克的“冷却”思想传播起到推进作用。

从 17 篇负面引用的文本中选取 5 篇较为典型的例子，如表 7-4 所示。这些典型的负面引用都认为伯顿·克拉克的高等教育“冷却”思想存在不合理之处。随着时间的推移和高等教育发展的不同社会条件，人们批判性地引用伯顿·克拉克的高等教育“冷却”观点，是对其完善和进一步发展所作出的有益推进。随着时间的演进，人们对高等教育发展的讨论也逐步丰富而具有现实意义，这些批判性的负面引用，恰恰对高等教育领域内各类观点思想的传播与发展起到推波助澜的作用。

表 7-4 典型负面引用的例子

负面引用	主要观点
It has been proposed that, in order to maintain itself client-centered bureaucracy tends to neglect those in greatest need of its services—those in fact whom the organization was primarily established to assist or who present difficult problems	社区学院实际上为了维持官僚主义倾向
In contrast to a longstanding hypothesis that community college students incur diminished aspirations over time in a process of "cooling out", there is mounting evidence that students already high aspirations swell during college in a process some have termed "warming up"	实践表明与伯顿·克拉克提出的“冷却”相反的现象
These students, facing challenging college-level work, may need remediation to catch up to their prepared peers. Eventually, they may be discouraged from attending a four-year college or "cooled out", but not after spending tuition on courses many can already ill afford	社区学院学生面对具有挑战性的大学水平工作时，将遇到更大的困难
In his study of a California community college, Clark showed that most students saw the community college as a continuing education preparing them for transferring to a four-year college. However, because of the students' marginal academic abilities much of the course work was in fact a repeat of the last two years of high school	社区学院的职业教育课程大部分实际上是高中最后两年的重复
Vocational programs have been criticized for diverting students from academically challenging curricula and "cooling-out" their educational aspirations and attainments	职业课程受到批评，因为它将学生从学术挑战性的课程转移到“冷却”他们的教育愿望和成就

2. 高等教育“冷却”思想的引用功能分析

关于引用内容的功能分类的研究，我国学者陆伟等采用引用功能与引用重要性相结合的分类方式，将引用重要性划分为五个等级，包含 15 类引用功能。为了提高各类之间的区分度，本研究将其提出的 15 类功能分类进行一定的整合，最终得到 12 类引用功能，并将其划分为四个重要性等级，分别为非常重要、重要、一般、不重要。针对本研究的 162 条有效的引用内容，将其具体功能类属进行详细分类，具体分类整合结果如表 7-5 所示。

表 7-5 引用内容的功能分类

重要程度	功能类目	描述	引文种类分布数
非常重要	基于	施引文献工作以参考文献为起点	2
重要	启发	施引文献的研究受到被引文献的启发	5
	拓展	施引文献拓展或修改了被引文献成果	17
	使用	施引文献使用了被引文献的成果	35
	详细引用	施引文献详细引用了被引文献中的成果	23

续表

重要程度	功能类目	描述	引文种类分布数
一般	比较	施引文献工作与被引文献工作形成对比	21
	肯定	施引文献肯定被引文献的工作	15
不重要	相关研究	介绍与施引文献工作相关的其他研究	14
	简单引用	简单引用了施引文献中的具体内容	20
	相关工作之间比较	对两个或多个被引文献工作进行比较	9
	未来工作	被引文献对施引文献的下一步工作有所启示	1
	拓展阅读	通过查看参考文献以了解更多信息	0

从引用重要程度的数量分布上看，非常重要的引用有 2 篇，重要的引用总计 80 篇，一般重要的引用 36 篇，而不重要的引用有 44 篇。由此认为本研究的目标论文即伯顿·克拉克关于美国高等教育“冷却”的文章，在学界的关注度与重视度很高，非常重要和重要的引用总数占到了总引用篇数的 51%，达到了一半以上，文章的价值在学界得到了一定程度的认可。在这些引用功能中，对这篇文章的“使用”功能数量达到最多，意味着较多施引文献直接使用了被引文献的成果，使其广泛传播，并随着学者们的研究不断发展完善。

通过对教育思想在传播影响过程中引用功能的具体分析，可以发现不同的引用功能，对教育思想的影响传播所起到的作用有所差异，重要程度高的引用对教育思想传播所起到的作用更大。通过引用性质和功能分析发现，教育思想在传播过程中，不同性质的引用均对其思想的影响力扩散产生了一定的助推作用；在引用功能方面，本研究仅从重要程度层面对引用功能进行简单判断和呈现，对具体的引用重要程度并未进行量化分析，但从分析结果来看，不同引用功能的引文对教育思想传播的价值具有较大差异。

7.4　引文分析在教育思想传播中的应用总结

教育思想影响与规律研究对教育研究有着重要意义，教育家的思想更是教育思想中最为关键的组成部分之一，本研究突破了以往的倾向于史学的研究方法，综合运用了文献计量方法，从教育思想的单篇论文入手，以引用内容为线索，探寻其具体影响情况及影响演进历程。采用文献计量方法，以伯顿·克拉克高等教育“冷却”思想的传播扩散进程为例，来探析该教育思想的传播特征，发现了该教育思想在其传播扩散进程有着一定的传播特征，并且是以往采用传统文献分析法无法探索出的教育思想传播过程性特征，对教育思想传播研究有一定的启发作用。

从对伯顿·克拉克“The ‘Cooling-Out’ Function in Higher Education”一文传播

进程的研究发现，从传播时间分布上看，在传播初期具有较强波动性的特征，而传播后期则呈现较为稳定的传播趋势，这个趋势可能是随着时间的演变，传播影响力逐渐减弱，或是传播影响力逐渐增强。同时充分体现了该思想的传播影响领域较为广泛，其学术影响力并没有随着时间的推进而逐渐减弱，这篇文章在近年每年均有近 10 次的被引。从传播空间上的特征来看，该思想从与美国教育发展状况相近的国家开始传播，并逐渐传播到其他国家以至于在全球范围内扩散。

通过这篇文章被引研究领域及期刊分布情况的分析发现，该文章的影响不仅仅局限在高等教育学领域，在社会学、商业、经济学、心理学、行为学等学科领域内也产生了较大影响，可以看出教育思想对其本身所处的研究领域传播更为广泛。基于共词分析及词频分析方法对该教育思想传播进程中的主题研究发现，在该教育思想传播扩散的初期，其影响与传播的主题较为集中地体现在与该思想最为相关的主题中，也就是该思想所在领域中。但随着该教育思想的影响不断扩散，更多学者发现其价值，并将其运用到其他领域的相关问题解决中，因此该教育思想的传播也逐渐扩散到其所处的研究领域之外，对更多的研究领域产生影响，其影响主题也不断丰富，不再局限于其本身所处的领域，而是出现更多延伸及扩散领域的相关影响主题。同时，在本研究中将引用的性质分为正面引用、负面引用和中性引用，并且通过对引用内容的详细分析，发现这三类引用均不同程度地对伯顿·克拉克高等教育“冷却”思想的传播产生影响，从而也论证了引文对学术思想的传播所起到的重要作用。通过对伯顿·克拉克教育思想文章的引用内容分析，发现正面引用和中性引用相较于负面引用，更有利于教育思想的传播。并且在引用功能方面，重要程度高的引用功能文献对教育思想的传播有着更大的推进作用。

教育思想是教育学研究中不容忽视的重要研究领域，将传统的历史文献方法与文献计量方法相结合是教育思想研究发展的一个可能的新思路，相关研究应持续关注教育思想的传播影响进程。本研究仅以高等教育领域伯顿·克拉克高等教育“冷却”思想为例，运用文献计量方法对其自提出至今的传播过程及特征进行研究，得出的结论并不具有普遍性，但是对当前教育思想研究的持续发展提供了在数字化信息化时代研究和前行的新思路。本研究中所运用的文献计量方法只适用于教育思想为某著作或文章中所提出，并且被学界广泛引用，且引文数据资料可获取。引用内容分析方法为引文分析方法发展的新阶段，在学术评价、信息检索及科学知识演进等领域中有着较为成熟的应用。在未来的教育研究中，多元的研究方法将是促进我们研究的重要推手，对教育研究发展有着重要意义。本研究创新性地将引文分析方法引入教育思想研究中，探索了教育思想的影响演进历程，希望为此后的教育思想研究提供一种新的思路，从而更加辩证地进行教育思想相关研究。文献计量方法仅能了解这类教育思想的传播进程，但随着电子数据库的不断完善与发展，以及数字资源的不断丰富，文献计量方法将对更多的教育思想传播及相关教育问题的理解和剖析起到更大的推动作用。

参 考 文 献

[1] 肖建彬. 中国教育思想史[M]. 北京：高等教育出版社，2001.

[2] 任时先. 中国教育思想史[M]. 北京：商务印书馆，1937.

[3] 李立国. 教育思想史的地位与价值[J]. 清华大学教育研究，2013,34(2):57-61.

[4] 高波. 政府传播论[D]. 北京：中央民族大学，2006.

[5] 张雁，彭珺. 基于词频分析的我国 2005 年科学学发展动向探析[J]. 世界科技研究与发展，2007(2):93-100.

[6] 田丹，刘奕杉，王玉琳. 热点分析类文章的文献计量分析：以词频分析方法为例[J]. 情报科学，2017, 35(8):164-169.

[7] 冯璐，冷伏海. 共词分析方法理论进展[J]. 中国图书馆学报，2006(2):88-92.

[8] 徐春霞. 克拉克关于美国高等教育“冷却”过程的理论述评[J]. 比较教育研究，2006(7):22-26.

[9] CLARK B R. The “Cooling-Out” Function in Higher Education[J]. The American Journal of Sociology, 1960,65(6):569-576.

[10] ROUSE C E. Democratization or diversion?The effect of community colleges on educational attainment[J]. Journal of Bsiness & Economic Statistic,1995,13(2):217-224.

[11] MCCLELLAND K. Cumulative disadvantage among the highly ambitions[J]. Sociology of Education,1990, 63(2):102-121.

[12] VELEV W. Finishing college: The effects of college type[J]. Sociology of Education, 1985(58):191-200.

[13] MCKINLAY J B. Some approaches and problems in the study of the use of services：An overview[J]. Journal of Health and Social Behavior,1972,13(2): 115-152.

[14] ARUM R. Invested dollars or diverted dreams: The effect of resources on vocational students' educational outcomes[J]. Sociology of Education,1998,71(4):130-151.